続^3・生き方考

（私の思考・私の行動・私の生き方）

教育、福祉、そして人権のことども

田中憲夫

一莖書房

はじめに

『生き方考』は、今回で四冊目になる。私自身は、『幼児教育と音楽劇』はその実践編だと思っていたし、『趣味に生きる教師』は私の修行編だと思って書いてきた。だから、〝私の『生き方考』は、計六冊目になるのか……〟とも思っている。

でも、この間、何人かの先輩教師を憤慨させてしまったり、悲しませてしまった。この『生き方考』は、私自身のその時々の生き方や思考を見直し再整理するために書き綴ってきた。私自身の再整理なのだから、思いの本音を正直且つ素直に出すようにと心がけてきた。それ故、我が嚆矢は何時でも私自身に向けていたのだが、相手を慮る能力に不足していた。そして、「物言えば唇寒し」を結果してしまい、思いもよらぬ先輩から「いい気になって」、「人を物笑いの種にして」、「貴方の呑気さに涙が出る」等の言葉が返ってきたのだった。

私は後期高齢者になった今でも、学級担任時代の子どもたちの夢を見る。しかもその夢は、「授業の準備が間に合わず、子どもたちを混乱させ、不満を言いながらも、子どもたちが勝手に動き出していく」夢である。その子どもたちは、初任時代であったり、附属小学校時代であったり、特殊学級担任時であったりするのだが。時には、違う時代の子どもたちが重なって出てきたりする。

我が脳内で起こる夢の意味することは、私の仕事の在り様を示しているのだろう。思い返せば、指導プランはあっても、授業の形で子どもたちと対峙すると、子どもたちの純真・真摯な姿に気圧され、じりじりと壁際まで押し込まれる授業の繰り返しだった。当然、これではならじと授業での攻略作戦を夜遅くまで練り直す日々を何度も繰り返したのだった。時には、夜中や朝方に夢現の状態で考え続けたりした。この習性は、担任を離れ、管理職になっても続いた。思考の対象が、子どもたちだけでなく職員や学校に広がっただけであった。そして、このような生活癖・思考癖は、定年退職後に関わり出した沖縄・あおぞらこども園でも繰り返されている。夜中に起きるのは、ホテルの冷房や枕に身体が馴染まないだけではなかった。

学校教育法で「教諭は、児童の教育をつかさどる」「校長は、校務をつかさどり、所属職員を監督する」（学校教育法第二八条）と教師・校長の仕事が法文化されているが、要は〈子どもを守り育てる〉のが教師の仕事であり、〈子どもを守り育て、教職員を守り育て、学校を守り内実を創り出していく〉のが校長の仕事といえるだろう。だから、子どもの育ちが見えなければ教師の仕事は成り立たない。同様に、子どもの育ちが見え、教師の仕事の在り様が見え、学校の果たすべき役割が見えなければ校長の仕事は成り立たない。

この「見える」ということは、教師であれば「子どもたちが抱える課題や手立てが具体的に分かる」ということであり、校長であれば「職員の抱える課題の解決策を具体的に持つ」ということである。この「具体的に」を身につけるには、実際の子どもたちの姿・行動に触れ、職場の職員と交流を持ち、学校に起こっている問題を事実に即してつかむ以外にない。そうして我が身に生じた感覚が、「具体的に」を引き起こしてくる。

学校教職員の働き方改革が世の中の関心事になって、もう何年も経つ。しかし、給特法が昭和四六年に成立した時、併せて時間外勤務を命ずる場合として、「①生徒の実習に関する業務 ②学校行事に関する業務 ③職員会議に関する業務 ④非常災害等やむを得ない場合に必要な業務のいずれかに従事する場合で、臨時又は緊急にやむを得ない必要がある時に限る」のいわゆる「歯止め四項目」が記されていたのに、五〇年後の現在まで一度も話題になったことはない。というより、学校現場においては、「八時間労働」が全く無視され、どうでもいい対応の仕方が五〇年以上も前から綿々と続けられてきた（※つまり、改善の責務を行政側が怠ってきた）ことの証左といえるだろう。だから、教職員の過労死が起こり、教職員の病気休暇が増大し、代替教員の確保が困難になり、教員志望者が激減している。そしてそれは、子どもたちの教育に多大な影響を及ぼしている。尤も、「八時間労働」の内実を創り出すには、「八時間＋α」の仕事をしてみなければ、分からないのは自明である。だから、今は昔の「提灯学校」は、地域の灯にも成り得たのである。

学校の在り様や、教師の仕事の在り様の改革・改善は喫緊の課題である。教育行政に携わる者のみならず、学校という現場で教育活動に携わる者全ての総意を結集して、具体的に改革の着手を起こしていってほしいと願うばかりである。ただ、教育（教え育てる）という営みは、教師の知識・思考のみならず、その教師自身の生き方が否が応でも現れ、問われる営みでもある。そのことへの自覚が無いと、平気で子どもたちを不信の対岸へ追いやってしまう。

教員の不祥事は昔からあった。周囲の大人がうやむやにしてきただけである。そんな中で、子どもは教師の本心を感覚で見抜いてきた。教員の不祥事が表に出なかったのは、子どもは「教師の偽善・傲慢・独善・えこひいき等を拒否する言葉を持たなかった」だけである。だから、「教師を仕事とする」なら、絶えず自分の生き方の問い直しを繰り返していくしかない。

哲学者の林竹二さんは、終生「学んだ証は、何かが変わること」と言い続けた。子どもに教えるためには、教材から学ぶだけでなく、子どもから学ばねばならない。子どもを知らなければ、授業の作戦は立てられないからである。

そして、子どもを知ることは、子どもの内面から沸き立つ〝あ、わかった！〟や、〝えっ、なんでなの？〟の表情を瞬時に感得出来るようになることでもある。手を上げた回数や「はい分かりました」の即答現象に惑わされていては、子どもの内面は読み取れない。子どもの内面の微妙な変化は、表情・姿・行動・行為に無意識に現れるのである。「五感からの入力が脳内で変換されても、出力は筋肉運動だけである」との、養老孟司さんの言葉を思い出す。

〈三歳児に出来ないことが、四歳児になると出来るようになり、四歳児に出来ないことが五歳児になると出来るようになる〉ことは、沖縄・あおぞらこども園と十五年間関わり続けて、確信出来るようになった。どの年齢の子どもたちも「生命のリズム」を満喫し体感・体現していくことで、十全な成長を引き起こしていく。小学校で教科の学習に取り組む前の幼児教育段階で、「原学習」ともいうべき教科毎学習の土台になる活動を企図して取り組んでいくことが、現在の幼児教育に必要なのではないだろうか。小学校教育の先取りとなる英語・体操・文字指導等々といったレベルの話では決してない。

目次

I

『生き方考』・『続・生き方考』・『続続・生き方考』の続き

《生き方考》その二五一

〝「違いの分かる男」なんだろう…〟のこと

二〇二一・六・二八

「違いの分かる男」とは、野村万作先生がテレビコマーシャルに初めて出た時の、コマーシャル文句である。万作先生は一言も喋らず、スポンサーのコーヒーを飲むだけの映像だったし、ナレーターがコーヒーを飲む動作に合わせて「違いの分かる男！」と述べただけだったが、これが、能楽界では大変な物議をかもしたらしい。一九八〇年代のことである。

この〝「違いの分かる男」を思い出した……〟と言ってきたのは、松田尚嗣さんだった。松田さんは、障害者授産施設の運営を一手に引き受けてきたが、支援者同士の意見の食い違いから資金繰りに四苦八苦していた。また、本人の体調不良から入退院を繰り返していたのだった。それでも、拙本を手にしては、〝何とか田中さんの考えを知りたい……〟と、丁寧に読み続けてくれていたようである。

そんな松田さんから四日ほど前に電話がかかってきた。その電話の第一声が〝田中さんの本を読んでいて、「違いの分かる男」だ！〟だった。彼は、以前に『趣味に生きる教師』を呼んだが、ずっともやもやしていたらしい。それが『続続・生き方考』を読んでいたら、私の思考・行動に分かる所と分からない所が出てきて、〝何で、分かる所と分からない所があるのだろう?〟と考えていたら、突然『趣味に生きる教師』の読後感とダブって、狂言師・野村万作の「違いの分かる男」が脳裏に沸き上がってきたと言うのだった。つまり、〝田中さんの一文は、言わんとしている中身が、読み手の方にもその違いが分からないと、言っていることが通じない文になっている〟と言うのである。

松田さんにそう言われて、ようやく合点がいった。私の文は、若い時からずっと、事実に基づいたように書きながらも「私の生き方」・「私の実践記録」の文になるよう意識して書き綴ってきた。だから、私の歩みが我が事のように思える先輩教師には背中を押してもらい、我が歩みの意図や願いが見えない人たちには、否定され、無視され、時には拒否され続けてきた。そんな中で、念願の校長になり、定年まで仕事をやり続けられたのだから、今となっては、有難いと思うのみである。

話は変わるが、最近読んだ『子どもを「人間としてみる」ということ』(子どもと保育総合研究所編 ミネルヴァ書房)では、「論理」と「理屈」や、「事象」と「事実」の違いを考えさせられた。どうも、「理屈」を並び連ねることが、論理化することと研究者を自認する人たちは思っているらしい。また、子どもの示す姿を提示すれば、事実に基づいたと思っているらしい。「論理」は、揺るがない事実に基づかなければ論理にならない。また、「事実」は、核心を示す典型でなければ、事実とは言わない。民間の教育研究所ならば、官製研究から自律・自立した中で、

「官」を超える内実を示していって欲しいものである。

二〇二二・七・二七

《生き方考》その二五二

ようやく読み終えた『春の城』

『春の城』とは、『完本　春の城』（石牟礼道子著　藤原書店刊）のことであり、「天草・島原の乱」を描いた小説である。帯には「畢竟の大作！」と書かれており、石牟礼道子氏が渾身を込めた九百頁もの大冊本である。この本を二月から読み始めたが、立ち止まっては考え、立ち止まっては考えを繰り返したために、五ヶ月もかかってしまったのだった。読みながら様々のことを考えたが、集約・焦点化すると次の三点である。一つには「個の人権」のことであり、二つには「共同体・共生」のことであり、三つには「オーム真理教」のことだった。

一つ目の「個の人権」とは、全国人権擁護委員連合会の機関誌『人権のひろば』一四〇号での「人権教室」の記事に、言い知れぬ不快を感じたことによる。〝誰でもできる人権教室のために〟のキャッチフレーズの下に「思いやりの心」「愛」「違いの理解」「自分内の差別心」「ありのままの自分でいる勇気」等々が子どもたちに次々と降り注いでくる内容と展開に、現職教師時代の特設道徳を思い出し、〝これでは、時・場所・状況で態度を使い分ける「よい子」しか育たない……〟と痛感するしかなかった。人権は、「個の自立」無しには成立しない。そして、「個の自立」は「自己主張」に始まる。乳幼児の育つ姿が端的に物語っている。その時、自分の存在が無視されたり、否定されると「不満」や「怒り」がこみ上げ、様々の形で自己主張を始めるではないか。この無視による「怒り」や、排除による「怒り」を基底にしない人権教育は、本物にはなり得ない。『春の城』から学んだ我が「生き方考」である。

二つ目の「共同体・共生」とは、〈「連帯」の成立は、「個の自立」が前提になる〉のではなくとも、〈共同体の絆の中でも「連帯」は生まれる〉ということである。私は、現職教師時代「共生」が次代のキーワードになると思っていた。しかし、退職とともに沖縄に行って「共生・共死」の合言葉が、「集団自決」という悲劇を生んだことを知り、気軽に「共生」という言葉が使えなくなってしまった。沖縄での「共生」は「運命共同体」を意味していたからである。でも、『春の城』で「共生の論理」〈異なるものが、異なるままに支え合って共に生きる道〉を知り、「共同体・共生」の中で生まれる絆が、「連帯」に昇華して行くことがあり得ると知ったのだった。

三つ目は、『春の城』を読んでいて、〝これは、「オーム真理教」ではないか!〟と思ったことである。私は、「オーム真理教」の起こした所業を断じて認めることは出来ない。でも、『夜と女と毛沢東』(吉本隆明・辺見庸対談　文藝春秋刊)や『世界が完全に思考停止する前に』(森達也著　角川書店)を読んでも、ひかれる所はあってもその論理展開に納得はできなかった。しかしながら『春の城』読んで、「オーム真理教」の数々の所業が傾斜していく道筋をようやく理解出来たのだった。

《生き方考》その二五三

河村たかし名古屋市長の「金メダル」かじり事件

二〇二一・八・八

東京オリンピック・ソフトボールの日本人チームが優勝した。その日本人チームの後藤希友選手〈20〉が、出身地の名古屋市役所を訪れ、河村たかし名古屋市長を表敬訪問した。その時、後藤希友選手の金メダルをかけてもらった河村たかし名古屋市長は、突然コロナ感染防止用のマスクを外して「金メダル」をかじったのだった。八月四日のことである。そのパフォーマンスがSNS（会員制交流サイト）に流れ、名古屋市役所に抗議の電話が殺到する事態となったのだった。

私は、翌日のニュースで知り、思わず「不快」に思ったのだった。その「不快」の因は、彼氏が金メダルをかじった行為に対してではない。今までも金メダルをかじる選手は何人もいたし、今年のオリンピックでも相変わらずメダルをかじる選手がいた。金メダルをかじる行為は、決して愉快なこととは思えないが、ひとそれぞれの範疇のことと気にせずに過ごして来た。だから、私にとってかじる行為は「不快」の因ではない。では、何故「不快」になったのか。それは、河村たかし名古屋市長の行為・行動に、「男の傲慢さ」「男のおごり」を感じたからである。もっと言えば、今回のオリンピックで、森喜朗会長が辞任したことや、開会式直前に運営責任者や楽曲関係者が辞退・辞任したことから何も学んでいないことに本心失望したからである。今流に言えば、パワハラやセクハラの典型例を自ら演じたことに、全く気付いていないのである。

思えば、三年前の『愛知トリエンナーレ・不自由の表現展』での不開催表明の頃から、「おごりと傲慢」が噴出してきたのだろう。愛知県知事の解任署名運動が、いい加減で出鱈目な署名活動に堕して行ったことを謙虚に反省し、志向の再構築を図るべきだったのに、言い逃れて「今は昔」の流れに乗ろうとしたことが、政治家としての矜持を失わせてしまった。謝罪の第一声が〝最大の愛情表現であった。迷惑をかけているのであれば、ごめんなさい〟（河北新報・八月五日付記事）で始まったことが、それを如実に物語っている。

この「河村たかし名古屋市長・金メダルかじり事件」を、マスコミも大して重視していないようである。朝日新聞、河北新報共に、二回（二日）記事になっただけである。それも、「メダリストの努力の結晶＝金メダル」の論調で、「理解出来ない」「泣く」「立ち直れない」「＃選手にリスペクトを」と取り上げているだけである。

今回のオリンピックは、〈男の世界・男の世渡り感覚が全てを取り仕切る〉ことの是非を炙り出してきた。「東京オリンピック」に決定した時点から、「裏金・贈賄疑惑」が浮上し、開催時期が金額の多寡に左右されたしetc。そしてパワハラ・セクハラがやり玉にあがり…。まさに、「二一世紀は人権の世紀」の実相がむき出しになった東京オリンピックであった。

二〇二一・八・一〇

《生き方考》その二五四

あさドラでの「手当て」から

小学校教員を定年退職してから、NHKテレビの「あさドラ」を観るのが日常生活の一コマになってしまった。沖縄に出かけても、ホテルやウイークリーマンションで「あさドラ」を必ず観てから、知人になった大宜味村出身・濵元さんの〈専用タクシー〉で、南城市・あおぞらこども園に出かけていた。

今回、「あさドラ」の『おかえりモネ』を観ていて、〝「手当て」は、医者の基本ですから……〟の呟きを聴き、一瞬ドキッとした。場面は、下半身麻痺の鮫島女史が車椅子マラソン挑戦のためのトレーニング中、両手で車椅子の車軸を回していたが、トレーニングが高じて息切れを起こしてしまい呼吸困難に陥ってしまう。その時に、モネが苦しむ鮫島女史の背中を擦ってやり、体調を整えて気分を落ち着かせるのだった。そうしてモネが、〝でも、どうして手を当てると落ち着くんだろう……〃との自問を思わず口走ると、側にいた若い研修医が、〃「手当て」は、医者の基本ですから……〃と、当然だという風にぼそっと呟くのだった。これを聴いて、私の脳内に「そうか。手を当てるから「手当て」なのか！」の言葉が駆け巡ったのだった。

五年ほど前、あおぞら保育園（※当時は、まだ「こども園」になっていなかった）の中堅保育士である喜納美樹さんが、０歳の子どもを床に仰向けに寝かせて、身体を優しく擦っているのに出くわした。子どもは、為されるままにゆったりとしているので、私が〃気持ち良さそうですね〃と声を掛けると、〃こうやって擦っていると、身体が自然に伸びてくるんですよ……〃と言うのだった。擦っている美樹さんと身を任せて擦られている子どもの姿を見て、〃これが、本来のマッサージなんだよなあ〃とつくづく思わされた。

反面、嘗て石巻の保育園に入った時、一生懸命に取り組んでいる子どもの姿に感激し、思わず〃すごいね！〃と頭を撫でたら、パッと子どもの手が飛んできて我が手を払われたことがあった。多分、その子はこういう形でのスキンシップを受けたことが無く、「頭を叩かれる」と直感したのだろう。もしそうなら、親の子育て法に寂しさを感じざるを得ない。そういえば、この保育園は、新設一年目の保育園だった。私が職員研修で「呼吸」を扱った時、二人一組になって、補助者が呼吸者の後ろに回って脇腹にそっと手を当て、呼吸者の「吸う息・吐く息」を体感してもらおうとしたら、手を当てたのがくすぐったいと、二人が笑いあって試技にはならないのだった。組んだ五組中、五組ともそうなるのだった。新設一年目のため、保育者同士の交流・交感・

体感等がまだ成立していないのだった。

話は飛ぶが、「痛いの、痛いの、飛んでいけっ！」という子どもをあやす呪文がある。私は、これを子どもを騙すための方便としか捉えていなかった。でも、転んだり、身体をどこかにぶつけたりした時、中には〝「痛いの、痛いの」やって！〟と寄ってくる子どもがいる。そして、その呪文を言いながら擦ってやると、安心したように戻っていくのだった。それを見ていて、ようやく「本当に痛みが消えていくのだ！」と得心するようになったのは、七〇歳も越してからのことだった。実に、「手を当てる＝手当て」とは、人としての支え合いや、人としての信頼を生み出し培っていく基本的な営みだったのである。

《生き方考》その二五五

「悶えてなりとも加勢（かせ）せんば」の精神風土

二〇二一・八・一八

十五日。定例の朝掃除をしながらＮＨＫテレビのニュースを見ていたら、九州の大雨で七〇歳の女性が行方不明になったことが報じられていた。アナンサーが語るには、〝昨夜九時過ぎに、知人の女性から電話がかかってきて、「大雨で、川の水が増えてきて怖いので、見てほしい」と言われたので出かけて行ったが、行方がわからないでいます。その女性は、民生委員でした。〟とのことだった。ニュースは、「民生委員でした」と言って次の報道に移ってしまったので、事の詳細は、以上の話だけだった。一五日の新聞には一切触れられていず、翌一六日は新聞休刊日でありテレビのニュースでも報じられなかったので、〝なんとかなったのだろう……〟と思ったりしたが、何となく気になったので、翌々日の一七日の新聞で再度確かめたら、小さく「長崎県西海市の用水路で一四日夜、無職北村ヤエさん（73）と民生委員田崎文子さん（70）の二人が死亡しているのが見つかり……」の記事（河北新報8／17付）が載っていた。多分、民生委員の田崎さんは、電話をもらって、すぐ北村さんの所に駆けつけたのだろう。そして、〝ここにいると危ないから、一緒に避難しよう〟となったのだろう。自分が駆けつけてこれたのだから、「まだ、間にあう」と思ったのかもしれない。でも、大雨の量は、予想をはるかに超えた激流と化していたようだ。「二人が死亡して」と書かれてあるから、一緒に避難して濁流に飲み込まれていったと想像される。

　何故、田崎さんは、我が身の危険も顧みず、年上の北村さんの所に出かけて行ったのか。一〇年前の『東日本大震災』では、安否確認のために多くの民生委員の方々が亡くなったことから、全国民児協連合会名で「まず、我が身の安全を確保すること」が通知された。だから、田崎さんは、この通知の意味することを知っていたはずである。それでも、七〇歳の彼女は出かけて行ったのだった。「民生委員」の肩書がそうさせたのか。あるいは、親しい知人故に無理を承知で出かけたのか。

事の真相は、私には一切分からない。でも、このニュースを聞いて、私は咄嗟に「梶山正人さんや、中村哲さんと同じだよなぁ…」と思ったのだった。梶山正人さんは、病魔に侵されながらも、平静を装って沖縄や岐阜に通い続け、帰宅後一週間で亡くなってしまった。身体が疲労困憊し意識白濁になるまで子どもたちと関わり続けた結果である。中村哲さんに至っては、事情・行動は違っても、言わずもがなである。

そして、ふっと脳裏を過ったのは、石牟礼道子さんの言葉「悶えてなりとも加勢せんば」だった。『苦海・浄土・日本』(田中優子著・集英社新書)での、「なにもできない。しかしせめて共にもだえることでなんとか力になろう」の思いが、三者三様ながらもそれぞれの根底にあったのではないだろうか。そんな精神風土を感じる出来事である。

二〇二一・九・二四

《生き方考》その二五六

「多様」二極

一昨日の夜のニュースで、「三歳児の男児が、母親の交際相手から熱湯をかけられて死亡した」

ことが報じられた。

うたた寝状でぼんやりしていた時に、このニュースが飛び込んできたのだが、瞬間、私の脳裏には『白鳥のむすめ』でのHさんの姿（《生き方考》その二〇八）がよぎったのだった。Hさんは、〝「熱湯をかける」のは駄目だ！〟との思いを私らに伝えるために沖縄に来て、三時間も私と言い合ったのだった。しかも、後日、『続続・生き方考』の感想でも、〝「トラウマ」ではなく、「フラッシュバック」です！〟と言い続けてきたのだった。何故、Hさんがこれほど「熱湯をかける」行為に拘るのかこの時まで気づけずにいたが、ニュースを聞いた二瞬目に、嘗て観たスーパー歌舞伎『三国志』での「板張り状になった捕虜の足を、次々と斧で切断する」場面が鮮明に蘇ってきたのである。そうして、「フラッシュバック」とはこういうことかとようやく解かったのだった。「熱湯をかける」行為は、虐待の持つ残忍非道さを、瞬時に深層まで亀裂させ刻印してしまうのである。このことをHさんは、私に言い続け、気づかせてくれたのだった。

神の使いと言われる「ハヌマンラングール」というインド地方に生息するオナガザル科の猿は、「子殺し」をすることで知られている。屈強な一匹のオスは数頭のメスや子猿たちと「ハーレム」を作って生息している。ところが、そのオスが代替わりすると、次代のオスは次々と子猿を殺すというのである。先代オスの血の入った子猿を抹殺しないと、メスが発情しないからである。メスは子育ての最中には、発情しないらしい。それで、次代のオスは、メスに発情してもらうため、子殺しを始めるとか。しかも、この習性はライオンやチンパンジー、イルカにもあるらしい。

つまり、人間のＤＮＡにも、進化の歴史の中で、「子殺し」が組み込まれているかもしれない。真に「生き方考」である。

話は変わるが、パラリンピックでの選手たちの姿に、〝「可能性」を花開かせるとは、こういうことか…〟を、次々と垣間見させられた。身体に不具合を抱えていても、「稼働可能な部位を十全に活用して、我が身・我が身体での極限を求めて挑戦していく」ことの素晴らしさを、私たちに示してくれた。ここには、「障害者＝ハンディを持った人＝弱者」という発想はなくなっていた。というより、この世の誰でもが、その人なりのハンディを抱えて生きているのである。そのハンディを自分で解消・解決できるか、他人の応援・支援で解消・解決できるかがだけなのだろう。これも真に「生き方考」である。そういえば、イギリス選手の車椅子バスケットを観て、『仕事の歌』（イギリス人は　利口だから　水や火など使い…）を思い出した。ガードの仕方が実に賢い（狡猾?.）。日本人の得手とするリズム・流れを巧みに作り出すよりも、イギリス人特有の智のガードなのだった。

《生き方考》その二五七

「納得と了解」・「合意から理解へ」が〝教育の営み〟での大原則

二〇二一・一〇・三

地元新聞の『石巻かほく』に、『おにぎりカフェ　まっちゃん八百や』で、「発達不安の親へ子育て支援」を始めた旨の記事が載っていた。発起人は、石巻市内小中学校特別支援学級保護者会の有志の方々だった。私も、現職教師の頃、蛇田小学校の特別支援学級（※当時は「特殊学級」と言っていた）の担任をし、七名の子どもたちと悪戦苦闘の日々を過ごす中で、親やＰＴＡ、後援会の方々から様々の形で応援・支援をしてもらった。その時の経験から、この記事が他人事と思えず、思わず足を運んだのだった。

カフェを切り盛りしているご夫婦は、保護者会の会長をしており、まだ、子育て真っ最中の両人だった。そうして、いろいろ話を聞かせてもらったが、最後はどれもこれも学校や医療機関、そして研究者の姿勢や対応に疑問や不満を感じている現状認識で行き詰るのだった。それでも、特別支援学級の保護者や、これから関わるであろう保護者、否それ以前に子どもの発育・発達の様子に不安を抱いている親に、少しでも、安心し前に進めるように応援したいというエネルギーに圧倒されるのだった。やはり、〝現役の親は生き生きとして、エネルギッシュだ！〟と言う外ない。

ただ、通常学級でもそうなのだから、特別支援学級でもそうなって仕方がないのだろうが、学校の姿勢・教師の姿勢が、『子どもたちを型にはめ、子どもたちに統一行動・同一歩調を求め、子どもたちがはみ出さないように日々求め続けている』ことから抜け出そうとしないでいるようだ。このことの是非や疑問を正面切って言えば、学校や教師からは〝そんなことはありません。子どもたちの自主性を大事にし、子どもたちの創意を認めています！〟と語気強く否定の返事が返ってくるのは明らかだし、反面『子どもたちの内面の葛藤や苦しみには思い至らないでいる』ことに全く気づいていない。否、気づいていても知らんふりをしている。担当・担任する彼氏・彼女らは、「関わったら最後、我が身が持たなくなる」との、教師特有の嗅覚が働いてしまうのだろう。

でも、学校から「子どもの立場の理解」が無くなったら、教育行政の伝達施設（つまり、大人の論理の押し付け機関）でしかなくなってしまう。これは別言すれば、子どもの「納得と了解」があって学校の教育活動が進むのだし、子どもの「合意から理解」への更なる学びがあって論理が形成され、「人格の完成（アイデンテティの形成）」へと踏み出していく。この事を学校が具体的な実践の形で取り組まない限り、子どもの「教育を受ける権利」は保障されていかない。

それ故、〝これが、子どもが「納得と了解」をした姿だ！〟との意欲的な実践が試み続けなければならないし、その実践を教師集団や親たちによる具体に即した実践検討が不断に行われなければならない。そして更には、それを当該校の校長が具体的に取り組まれるよう組織することが必須不可欠である。子どもは、内面を的確に表す言葉を十分に持ち合わせていないから「子ども」なのである。そして叉、「子ども」は「大人」よりはるかに鋭い感受性を生来的に身につけている。

《生き方考》その二五八

梶山正人さんの歌唱指導のあり方

二〇二一・一〇・一四

梶山正人さんと私が一緒に仕事をするようになったのは、宮城教育大学附属小学校の時である。梶山さんが四二歳で私が二八歳の時だった。以来、梶山さんが七四歳で亡くなるまでの三二年間、ずっと私の先達であり、始終胸を貸し続けてくれた有り難くも貴重な先輩教師だった。その梶山さんが、子どもたちと対峙し歌唱指導をするのに、往々にして【自らの歌声を聴かせる】のだった。「このことは何故なのか?」が、三二年間私の中にずっと引っかかり続けてきた。『授業と表現の会』や『アンサンブルとどろき』等のサークルで、梶山さんから指導を受けると、必ず身体が解れ、気分が高揚し、これが私や私らの歌声だったのかと驚くのだった。また、学校に来てもらって、子どもたちの歌声に手入れをしてもらうと、何時の時でも子どもたちが輝きだし、歌う声に生気が張り、二倍も三倍も大きな子どもたちに変容していくのだった。梶山さんは、イメージが沸き上がるよう言葉の意味を説明し、呼吸と一体となったテンポ・リズムを体感するよう指揮をしていくのだが、いつも自らの歌声で子どもたちをはっとさせるのだった。でも、残念ながら、梶山さんと同じ年の七四歳になるまで、【何故歌うのか】がしこりのようになって疑問であり続けた。何時の時にも私の周囲には、誇示するが如く示範を得意になって示す先輩・同輩教師が山ほどいたことへの無意識の反発だったのかもしれない。

先週、縁あって、渡波小学校での勤務時に特別支援学級の子どもたち（六名）と三〜四年生の応援団（四〇名強）が演じる『泣いた赤おに』を梶山さんが手入れしているＤＶＤを観る機会があった。開幕の歌の「こころの　やさしい　あかおには」の出だしの部分だったが、手入れ前の子どもたちの歌声は、張り切って且つ楽しんではいたものの雑然とし無造作に歌っていた。

その箇所を、私は『あおぞら第2こども園』の五歳児に、〝何処なの?。手?、足?、頭?。（子どもたち—心）心だよね。その心がどうなの?。意地悪?（こどもたち—優しい）うん、優しいんだよね。で、それが誰なの?。（子どもたち—赤おに）そう、赤おにさんなんだよね。「心の—優しい—赤おに」なんだから、それがちゃんと分かるように、言葉をはっきり言って歌って下さい。それから、「こころの」「やさしい」「あかおには」と三つの言葉になってるから、ひと山—ふた山—み山と、だんだん山を大きく、高くしていって下さい。できるかなぁ。じゃ、やってみるよ…〟と、汗だくになって五～六分関わったのだった。ところが、DVDに映った梶山さんは一声「こころの　やさしい　あかおには」と歌っただけで、子どもたちをその気にさせただけでなく、歌の中身と方向を一瞬で感得させたのだった。わずか数秒での出来事だった。でも、その時私はようやく梶山さんの歌う意味が納得・了解出来たのだった。

梶山正人さんの歌声には、曲や歌詞に対する「解釈」が込められているのは勿論のこと、その「解釈」は常に対象（特に子どもたち）に「生命のリズム」を引き起こす具体的原動力になっている事だった。我が齢、七四歳での得心である。

《生き方考》その二五九

我が子に対する母親の気づきと、脳内・入出力の関係

二〇二一・一〇・一六

過日の地元新聞『石巻かほく』に、〈発達不安の子育て支援〉として『おにぎりカフェ　まっちゃん八百や』内にサロンを開設したことが記事になっていた。「支援が必要な子どもを育てる保護者による保護者のためのサロン」と記事には書かれてあったので、現職教師時代に特別支援（※当時は、特殊学級と言っていた）の子どもたちと関わったこともあって、私も何度か足を運

ぶようになった。そんな中での昨日、ある親がわが子の爪を噛む癖（自傷行為）を話題にして、〝爪を噛むのは、原因があったのよね…〟と言うのだった。そして、〝我が子が爪を噛む行為をしている時は、たいてい学校でいじめを受けていた時や、勉強が分からなかったりした時だったの。多分、いやな思いをどんどん内に溜め込んでいき、それを解消する身体反応が「爪を噛む行為」だったのね。だから、特別支援学級に行き、先生から個別に丁寧に教えてもらうようになったら、爪を噛む行為が少なくなっていったの…〟というのだった。

これは、親として大変な気づきだと思う。子どもが現象として起こす不可解な行動は、「常識の世界」で日々を送っている大人にとっては、突飛な行動・忌まわしい行動・非常識な行動等と思えてしまう。それで、その行動を止めようと思いつく限りの手を試みるが、子どもにとっては「圧力（力づくの暴力）」としか映らない。つまり、脳内活動をブラックボックスに例えるなら、爪を噛む行為は「出力」でしかない。「出力」を変えるには、脳内活動の「F（働き）」の仕組みを変えなければならないし、何よりも五感からの「入力」を変えなければならない。母親の言う、〝原因があったのよね〟は、真に「入力」の在り様を問題にしたのだった。大半の親は、我が子の「出力」での突飛な姿にのみ驚いて不安と動揺に苛まれるのだが、この親は、一歩進んで、そうなる原因を考えていたのだった。

私事を言えば、「原因があって結果がある」と考えられるようになったのは、特殊学級を担任していた時からだった。石巻市内の特殊学級が合同で『七つ森宿泊学習』に行ったことがあったが、その時、りんご狩りに行く途中の側溝そばを一列になって歩いていたら、突然F君が前を歩くH君を押したのだった。H君は危うく側溝に落ちそうになったので、H君は〝何すんのや!〟と、怒ってF君を強く蹴っていった。私は、H君をなだめて事は収まったが、その時のF君はエヘラエヘラと笑うだけだった。でもF君の表情は〝あっ、まずいことをやった!〟としょげていたのだった。

この頃のF君は、脳が疲れてくると、幻覚状になって、昨日や一昨日にあった面白いこととか楽しい出来事を、録音テープでの実況のように再現し口走っていた。多分、この時も、F君は親から離れて不安になり、不安が昂じて前を歩くH君を払いのけねば…との緊急避難症状を起こしたのだろう。真顔にもどったF君の表情が、それを如実に物語っていたからである。

《生き方考》その二六〇
その人の「行動」に、その人の思考・理解・意識が表われる

二〇二一・一〇・三一

朝のNHKニュースを観ていた時のこと。特集で、『中井やまゆり園』のことが放映されていた。『中井やまゆり園』とは、神奈川県立の知的障害者施設である。同系列には、「重度・重複障

害者は生きている価値が無い」「税金の無駄遣い」として障害者殺傷事件が起きた『津久井やまゆり園』があった。

今から六十年近く前、厚生省（※現在の厚生労働省の前身省庁）での障害者福祉施策として「コロニー方式」が推し進められた。「コロニー方式」とは、同種の障害を持った人たちを一ヶ所に集め、世間とは隔絶した集団＝村を形成することで、障害者やその家族にとっての「地上の楽園」を作り出すことが構想されていた。しかしながら、今にして思うと、羅列された美辞の裏側では、人材・資材の効率化を進めることで経費の削減を目論んだものだったようだ。この「コロニー方式」を進めた結果、地域社会と入所障害者の隔絶が起こっていった。また、時が進むにつれて入所障害者の自立が阻害され、入所障害者と家族の疎遠が増大し、施設職員の意欲の減退と特権化が固定化し、等々が露わになっていったのである。元宮城県知事の浅野史郎氏は、その弊害に挑戦しようとしたのであるが、此処では触れない。

ともあれ、『中井やまゆり園』でも入所者にたいする人権侵害（暴れる入所者を個室に押し込めて十三～十五時間も施錠しているとか、捕縄で身体拘束を行う等）が問題になり、その改善策を模索試行するものとして、一切施錠の無いオープン化された民間施設に二泊三日のショートステイを行う姿が映し出されていた。

私がたまたま観た場面は、『中井やまゆり園』入所者のA子さんが民間施設に来て、施設の職員からショートスティの説明を受けている映像だった。長机を挟んでA子さんと向かい合う形で職員が説明していたのだが、突然A子さんが立ち上がり、説明している若い職員を殴りかかろうとした。その職員は、咄嗟にA子さんの腕を押さえ事なきを得たが、少し経つと再びA子さんが立ち上がった。すると、今度はA子さんの右側に座っていた若い職員（※多分、同行してきた『中井やまゆり園』の職員か？）がA子さんの右腕を掴んで座らせたのだった。この民間施設は、〈施錠の無い開かれた施設〉を標榜し宣伝文句にしているのだろうが、この一事で急にその姿勢が怪しく思えてきたのだった。

何故A子さんが殴りかかろうとしたのかは、前後の映像が切り取られていて分からない。知らない所に連れてこられて、しかもNHKのテレビカメラが回っているのだから、不安が高じたのかもしれない。でも、その映像で私が気になったのは、説明する職員も、そして右側の職員もA子さんの腕を「鷲掴み」にしたことだった。相手を「鷲掴み」にする行為は、相手の自由を奪い、我が意に従わせようとする拘束であり、拷問・虐待に値する。それに気づかない福祉施設では、日常の行為・行動が形式的になり、入所者への人権配慮は決して生まれてこないだろう。まだまだ、「日暮れて道遠し」である。

《生き方考》その二六一
「解釈は出力系」のこと

二〇二一・一二・二九

子どもには〈出来るけど分からない〉ことが多く、逆に大人は〈分かるけど出来ない〉ことで悩み続ける。私自身のことで言えば、子どもの時の「気配を断つ」ことがそうであり、四十歳を過ぎての狂言の稽古がそうだった。これは、別言すれば「理解」と「行動」の関係や関わり方の問題でもある。この問題が、「表現活動（身体表現活動）」を勉強課題にしてからの三十代以降ずっと分かったような・よく分からないようなしっくりしないままで過ごしてきた。スタニスラフスキイ・システムの勉強会で「行動」（演技）は単なる「動き」とは違うことが得心出来たが、原作や脚本を詳細に分析し、それを理解して解釈していくことと身体の動き（演技）との関係がやはり曖昧なままだった。

この十二月に、沖縄・あおぞらこども園の子どもたちと「ことばあそび・詩・音楽構成詩」で関わる機会があり、『保育士にとって、「解釈したこと」と、言葉に内在するテンポやリズムを指揮でどう表すのか』を、改めて考えさせられた。彼女たち曰く、〝辞書で調べました〟、〝写真を見せました〟、〝写真が無い時は、絵本やイラストを見せました〟等と言ってくるのだが、子どもたちを目の前にすると、子どもたちの「一斉唱和」を気にし、指揮者の手拍子や呼吸の合図で、子どもたちに「統一行動」を求めてしまうのだった。彼女たちは、コロナ禍で沖縄訪問時の相方だった文屋國昭さんとの関りが断たれ、必死になって文屋さんの残像を追い求めていたようだが、一途さを越えたいじらしさは感じられても、私には、納得できない姿だった。

沖縄から帰って、新聞広告にあった『ヒトの壁』（養老孟司著・新潮新書）を入手して読んでみたら、「理解は入力系＝感覚系で、解釈は出力系＝運動系である」の一文に出合った。養老孟司さんが言うことには、〈「理解する」とは、様々の情報を五感を通して入手し、感覚レベルで得心するだけでなく、言語化することで論理的に納得していくことである。また、「解釈する」とは、言語化して論理的に納得・理解したものを「行動」（筋肉運動）の形で外部に表明していくことである〉と言う。だから、「理解は入力系＝感覚系であり、解釈は出力系＝運動系である」なのだった。当然、理解と解釈は重なる部分が多分にあるが、脳をブラックボックス化して入力・出力とみると、「理解」と「解釈」の関係がよく分かるのだった。

文献や辞書等を駆使して理解し、自分なりの解釈を持ったと思っていても、その行動（指揮）に解釈した内容が表われていなければ、もっと言えば、解釈した内容が子どもたちを「その気」にさせ、こどもたちの表現に現れてこなければ、その解釈は指導者だけ（自分だけ）の思い込みでしかないのである。つまり、「理解した」ことはまだ入力段階のことであり、それを脳内での働き（f）で出力に変えない限り、「解釈」（出力系＝運動系）にはならないということだった。「理解＝解釈」が「行動」（出力系＝運動系）になるには、更に何が必要なのか。〈教師・保育士が指揮をすること〉は大きな手掛かりになるであろうが、新たな課題である。

二〇二二・一・二七

《生き方考》その二六二

「老化」とは、機能不全になっていくこと

私の死生観は、「全て悪くして死ぬ（身体機能の稼働部分は、全て役立たなくなって死にたい）」ことである。でもこう言うと、多くの人から〝ええっ、早く死にたいのですか？〟と訊かれてしまう。私は、別に死に急ぎたい訳ではないし、早く死にたいと願っているわけでもない。私の生き死には、「自然の摂理」に対して意図的且つ意識的に抗ったりせず、「自然の摂理」に任せると思っているだけなのだが……。でも、長生き願望の人や、アンチエージング指向の人たちからは、理解不能の思考らしい。呆れられるだけでなく、不快を露骨に示す人もいる。

三日ほど前、民生委員の私に、高齢の母親（九二歳）と二人暮らしをしている息子（六〇歳前後）さんから、〝母親の言動が昨年暮れからおかしい……〟の相談を受けた。言動不審の事情・様子を訊くと、尿失禁を頻繁に繰り返すようになったり、亡くなった兄弟の話を持ち出して、音

信を尋ねたりするという。また、来客があると機嫌よく応対しているが、帰った途端に不機嫌になり、勝手気ままな要望・要求をし出すと言うのだった。その都度対応してきた息子さんもほとほと参っているとのこと。

それを聞いて私は第一感、〝これは、お母さんが高齢のための「老化」の表われだと思いますよ。〟と言って、「介護認定」を受けることを勧めたのだった。ところが、この息子さんは介護保険の保険料を徴収されていることは知っていても、介護認定から始まる介護保険の利用方法等の一切を知らないのだった。知らないと言うよりも、それらの諸制度とは全く無関係の生活を送ってきたため、今まで関心を持たずに過ごしてきたのだった。それですぐさま、「介護認定」のことや「包括支援センター」、「デイサービス」、「ショートスティホーム」、「特別養護老人ホーム」等の概略を説明し、石巻・蛇田にある『蛇田包括支援センター』（当地区の担当センター）に連絡を取ってやった。

私の民生委員としての活動量は、恥ずかしながら「ブービー賞」ものであると自覚している。常に、活動時には〈対象相手の人権を最大限尊重していきたい〉と気を付けているからだ。民生委員対象の行政刊行物を見ると、盛んに「おせっかいの勧め」の論述文が載っているが、それだけに、いつの間にか時の勢いで《小さな親切・大きなお世話（余計なお世話）の世界》にはまり込んではならないと絶えず戒めている。

民生委員のみならず人権擁護委員もそうであるが、私が行うボランティア活動時は、何時でも

「ポイントを絞っての最大効果」を狙っている。それが、無償行為である「ボランティア活動の神髄」であると思っているからだ。だから、東日本大震災後の一〇年間、しつこいほどに「避難所の在り方」の改善を地区民児協の会議で問い続けてきたし、最近は「民生委員の活用法」を担当中学校区の校長さん方に訴え続けている。でも、その都度担当行政機関からは暖簾に腕押し様の返事が返ってくるだけ。そして、何時の間にか「クレーマー民生委員」としてマークされ始めているようだ。

ともあれ、「高齢者問題」は老化に関する「生き方考」でもある。私の「生き方」が問われる最重要課題である。

二〇二二・二・四

《生き方考》その二六三

「梶山組」残日録

昨年十一月に、『大槻志津江先生を偲ぶ会』が東京・ナカノサンプラザで開かれた。私は、『事実と創造』誌で案内を見て知っていたが、参加しなかった。大槻志津江先生には、ずっと以前に板橋区の喫茶店で〝田中さんも、美濃保育園に来ない？〟と誘われたのだったが断った負い目があった。定年退職後沖縄に入って、ようやく『学校づくりボランティアの会』として訪問出来る学校が定まった時だったので、〝もう少ししてからなら……〟と断ってしまったのだった。ところが、その後亡くなるまで一度も関わる機会が無かったので、断らずに行けばよかったのかもしれない。行っていれば、今とは違った学びが起こったはず。今は昔のことである。

その『大槻志津江先生を偲ぶ会』に参加したであろう千葉経済大学学部長・佐久間勝彦さんが『事実と創造』一月号に投稿していて、アクティブラーニングに関して批判的に述べるのに、林竹二さんや斎藤喜博さんを取り上げていた。しかも、林竹二さんの箇所は湊川高校・尼崎高校の生徒の様子を例示していた。この例示には、同感するのみで何の異論もないのだが、湊川高校に入る際、林竹二さん・竹内敏晴さん・斎藤喜博さんの他、高橋金三郎さんが同行していたらしい。その後の著作を見ると、林竹二さんも竹内敏晴さんも、その時の生徒との関わりを記しているが、斎藤喜博さんは一切触れていないのだった。しかも、『教授学の会』関係の教育研究者も沈黙したままだった。その時のことを、後日、高橋金三郎さんが私に話してくれた。〝斎藤喜博さんが体育館に入ると、子どもたちがぶらぶらしていて、「何しに来たのや？」という態度なんですよ。とても、話が通じる関係でない。だから、ど突くようにして、生徒に接していった。子どもたちは、ますます不貞腐れて……。でも、そのうちの何人かは見事に変わって来たんですよ。実に斎藤さんらしい指導でした。残念ながら、斎藤さんは、その後そそくさと逃げるようにしてタクシーで帰って行きましたが……〟と。

私が察するに、湊川の先生方は、大学教授と小学校教師の格の違いを態度で示していたのだろう。「大学の偉い学者さん」と「たかが小学校の教師風情」とを、言外の態度で示していたのではないだろうか。

子ども（生徒）は教師の姿勢・生き方に感染する。これは、私の教師経験で十分過ぎるほど身に染みていることである。そのことを教育研究者の方々は、何故触れないのか。それで、無躾を承知で佐久間勝彦さんに拙文「梶山正人さんが歌う理由」を送ってみた。私なりの納得が得られるかもしれないと思ったからである。

一ヶ月後、佐久間さんから届いた葉書に次のように書かれてあった。「梶山先生は、与えられた、限られた時間の中で、手の届きそうにない高みまで上がらせて、そこから見える景色に見晴らせよう。そう願って、すそ野でもたもたさせる時間を切り詰めようとしていました。そのことで一気に歌の世界に入って、切り開くのです。」と。実に見事で、直截・簡潔な梶山評を読み、佐久間勝彦さんは、〈教育の営みを良く知っている教育研究者〉だと、改めて知ったのだった。

《生き方考》その二六四

再度『あなたへ』から

二〇二一・二・二八

高倉健主演の『あなたへ』を石巻イオンの映画館で観たのは、十年前（『生き方考』No79）のことだった。その『あなたへ』が民放のＴＶで再放映されたので、ＤＶＤに録画しておき、昨晩久しぶりに鑑賞した。十年前に映画館で観た時には気づかなかったことや見えずにいたことに改めて気づかされ、面白かった。その時に気づかず・見えずにいたのは、高倉健の「スター」性にばかり気を取られ、同期同調するようにのめり込んでいたからかもしれない。あるいは、森毅さんの言う「コマーシャルの効用」により、気楽に観ることが出来たからかもしれない。ともあれ、十年前の『生き方考』の時とは、違った感覚で鑑賞したのだった。

で、何が違ったのかと言うと、散骨を願った妻の手紙を平戸・港町の小さな郵便局で受け取って開封した時、その手紙には「さようなら」としか書いていないことに、夫役の高倉健が手紙を手にして戸惑う場面があった。私も一瞬「ありゃあ～」と思ったが、その瞬間から私は「さようなら」の意味を考え始めたのだった。

「さようなら」は、私たちの日常語になっている。友達と遊んでいた時の別れ際に交わしたり、縁在って繋がっていたのに、縁が切れて別れる時に最後の言葉として投げかけたりしてきた。私自身、なんか寂しさや辛さ、悲しさを内在した言葉として捉えていた。だから、英語の「see you again!」や独語の「auf Wiedersehen!」の方が「また会いましょう」の意で、別れ際の言葉としては未来志向的でいいのになあと思っていた。

広辞苑には、《「さよう（然様・左様）そのとおり。そのよう。そう。「—でございます」「—、ごもっとも」—しからば【左様然らば】（本来は武士言葉）そうでありますならば。「さよう」と答えて「然らば」と切り出す口上。しかつめらしい言葉づかい。—なら【左様なら】（元来、接続詞で、それならばの意）別れの挨拶語。さよなら。》とあり、武士言葉の意味からすれば、相手の意見を聞いた上で、自分の主張をする時の関係を表しているようだが、何時の頃からか、離れ難くも離れざるを得ない時の物悲しい余韻を響かせる別れの挨拶語になっている気がする。尤も、時には幼稚園や学校での、終業時における別れ際の元気のいい挨拶になったりもしているのだが……。

この「さようなら」を『あなたへ』の映画では、散骨を願った妻からの「さようなら」の一文を見た高倉健演じる夫役の刑務官に、〝あなたには、あなたの時間が流れているんだ……。そう言いたかったのだと思います〟と言わせるのだった。今回『あなたへ』を十年ぶりに観て、実に見事な多様と自立を認める主張（メッセージ）だと思った。十年前には、旅に出ることは思っていても、まだ「別れ」や「死」を考えるほどの生き方では無かったから、深く意識できなかった。

《生き方考》その二六五

終末の過ごし方（二六二の続き）

二〇二一・三・四

民生委員の仕事をしていると、時折身につまされる話が飛び込んでくる。先日も、老々介護での母親（九二歳）の死に関わった。やはり、人の死は、笑って過ごせない。たとえ、笑い話になる出来事があったとしても……である。

事の発端は、年が明けた一月初めに、町内の行政区長さんから〝町内のSさん（六〇歳）から、母親のことで民生委員さんと相談したいと言っているから、会って話を聞いてくれないか。〟の連絡があった。それで、Sさん宅に行くと、Sさんから〝母親が、昨年暮れから、失禁はするし、夜中に大声を出すし、部屋中をうろうろと徘徊するようになった。それが、年が明けたらだんだんひどくなってきて…。どうしたらいいのか困っています。〟との話だった。そばでは母親が黙って聞いていて、時々〝私も、もっとちゃんとしてたのだがねぇ〟と相槌を打ってくる。それで、介護保険の話をし、〝介護認定を受けていますか？〟と尋ねると、〝受けたことがない〟の返事。曲がりなりにも、父親の死後、六〇代〜八〇代と二人でそれなりに支え合って暮らしてきたのだから、今まで「介護保険」の事は全く頭になかったようだ。それで私は、包括支援制度の話をし、蛇田の包括支援センターと連絡を取ったのだった。

蛇田・包括支援センターが関わったことで話が進み、二月一日には市内のK病院で診察を受け、「認知症が進行している」との判断で、三日後の二月四日には入院したのだった。近くに知人が誰もいないとのことで、私は相談や立ち合いにその都度付き合うことになったが、民生委員としての社会勉強・人生勉強と思い、気軽に応じていった。

ところが、入院して四日目（実質三日間）に母親が亡くなったのである。入院した時には、病院から〝ここは精神科と診療内科しかありませんので、患者に何か異変が起こったら他の病院で診察してもらいます。〟との話があった。しかも、入院時には車椅子を使ってもそれなりに歩いていた母親が四日で死に至るとは、私には病院の対応に全く納得・了解出来なかった。でも、私は単なる民生委員。身内・親族でもない。私の疑問は伏せておくしかなかった。

二月八日（死亡当日）の朝、病院からSさんに「昏睡状態」の知らせが入った。すぐ私にもSさんから連絡が来たので、別々だったが病院に直行した。病院にはSさんが先に来ていたが、Sさんからは〝もう危篤状態で何の反応も無い〟と言われただけでなく、〝葬儀社をあたってほしい〟と依頼された。しかも、「十数万円で済むように」との条件付きだった。

私は、早速市内のY葬儀社とT葬儀社を訪れた。Y葬儀社は近所にあり、T葬儀社は「小さなお葬式」を喧伝していたからである。二時間近く葬儀社に事情を話しては料金の目途をつけ、ようやく十二時過ぎに戻ったら、Sさんから葬儀社を既に決めて手配したと話された。病院から〝

一時間以内に、遺体を運び出して下さい！〟と言われたからだった。

この病院の手際のよさには驚く他なかったが、どうも世の中には、終末期様の老人を受け入れては入院状態にし、末期状態から死に至った時には、即引き取ってもらう事で病院の回転率を上げ、それなりの収益を上げている所があるようだ。この病院の経営実態は一切知らないが、疑惑の生じた四日間だった。

《生き方考》その二六六
時代を感じ取れない政治感覚

二〇二一・三・一三

私は、若い時から政治家になる気は全く無かったし、今も無い。だから、世の「政治家」を名乗る人たちが、何を言おうと、且つ又何をやろうと、時代への対応だろうと黙認してきた。でも、時代を切り拓くつもりで、その実過去の栄華・栄光に固執することの愚に、何時まで気づかないのだろうとつくづく思う。

森喜朗元首相は、東京オリンピック・会長の座をやむなく去った。本人は、何故降りなければならなかったのか全く不本意だったのではないだろうか。「過去の栄光＝現在の地位」を決して疑わず、〝二十一世紀は、人権の世紀〟の意味を、具体的に感得してこなかったことが結果したとは、本人は全く無自覚のままの退場だった。

安倍晋三元首相に至っては、文書の偽造・廃棄問題や拉致問題が首相としての愚策や無策が結果しているとは決して思わない思考停止状態のため、コロナ禍での対応や核廃絶の課題で相も変わらず「院政」然とし続けている。尤も、過去の栄光を持つ彼氏にあやかろうと、「寄らば大樹の陰」とばかり群がる次世代連中が浮塵子の如く居るのだから、彼氏は辞めようにも辞められないのかもしれない……。

一昨日の朝日新聞に「日本の原子力技術　楽観誤りだった」の記事が載っていた。記者からのインタビュー記事だったが、相手は菅直人元首相である。彼氏は、民主党政権時の首相であり、福島原発事故の時の首相である。記事には「病院のお年寄りを避難させようとしたが、バスの中でかなりの人が亡くなられた。ものすごく申し訳ない。最初の避難指示では風の方向まで考慮に入れられず、高い放射線に当たった人も出た」「事故前は、日本の原子力技術はかなりレベルが高い。チェルノブイリのような事故は起こさないだろうと、私自身や、楽観論者だった。事故に遭遇し、全く間違っていたと自覚した」と述べ、「原発をゼロにしても再生可能エネルギーで全てのエネルギーをまかなえる政策として、農地で米や野菜を作りながら、上に太陽光パネルを置いて発電する『営農型太陽光発電』を提唱する」等と書かれてあった。

私自身、女川第一小学校に赴任するまで、放射線と放射能、そして放射性物質の違いも曖昧にしてきてしまったレベルだから、彼氏の知識の不足を云々は出来ない。誰しも気づいた時から学び始めるしかない。でも、「技術」とは、理論上（机上）のプランのみならず、それを可能にする具体的取り組みがあり、最大・細心のメンテナンス機能が一体となった時、初めて「技術」になるのである。福島原発で電源が喪失した時、乗用車のバッテリーまで総動員したことや、彼ばく覚悟で決死の作業に当たったこと、そして、玄孫請けの「イチF」労働者が廊下にゴロ寝して対処し続けたこと等は、首相でいた時に感得出来たことである。

十一年後の今、東北の農地では太陽光パネルの下が雑草だらけになっていることを知っているのだろうか。何よりも、植物（農作物）には、成長のための潤沢な光が必要不可欠なのである。

二〇二二・三・一五

《生き方考》その二六七

「人権感覚」を生み出すもの

人権擁護委員になってから十三年になるが、ずっと腰の据わらない、根無し草のような感覚が拭えなかった。法務省・人権擁護局が発行している『人権擁護』の小冊子には、「人権とは、全ての人々が生命と自由を確保し、それぞれの幸福を追求する権利、あるいは、人間が人間らしく生きる権利で、生まれながらに持つ権利」と書かれている。明治期の「天賦人権論」に基づいた文言なのだろうが、何故に「生まれながらに……」となるのだろうか。西欧やイスラム圏では、キリストやマホメットが絶対神として君臨しているから、「神の下で」の思考が生活行動と一致するのだろうが、日本の思考土台は「八百万の神」である。便所の神も、竈の神も、はたまた木や山・川の精霊も「神」になる。ましてや、軍将や体制維持の一兵卒まで神に祀られる国でもある。様々の神、有象無象の神をそれなりに崇める思考形態には「人は生まれながらに……」という天賦人権論は、付け焼刃状にしかならなかったのだと私には思えてしょうがない。

五年ほど前、若手で政治・社会思想の研究者である白井聡氏が『国体論　菊と星条旗』（集英社新書）を書いていたので読んでみたが、何故に「国体」なのかがよく分からなかった。戦無派で、曲がりなりにも戦後民主主義教育の中で育った私には、「国体＝国民体育大会」の発想しかなかった。でも、今回のコロナ禍の中で『丸山眞男セレクション』（杉田敦編・平凡社ライブラリー）に挑戦したら、ようやく「国體」の意味していたことが分かってきた。（尤も、読んでは考え、また読んでは考えを繰り返し、二ヶ月半もかかったのだが……。）丸山眞男氏の論によると、単に政治機構のみならず、経済・交通・文化・教育を包摂する社会体制として内面にまで深く浸透していたという。それを白井聡氏は、新憲法に改まっても連綿と続いていると言うのだった。多分、私の中でも親の代から続く幼い頃からの生活環境・生活感覚が、払拭出来ずにあり続けているのだろう。だから、腰の据わらない、根無し草感が生じるのだった。

最近出版された『人権と国家』（筒井清輝著・岩波新書）によると人権の普遍的理念として「人権の普遍性の原理」と「内政干渉肯定の原理」があるという。普遍性の原理とは「天賦人権論」を指し、「内政干渉肯定の原理」とは、国境を越えて人権無視の非に介入していくことを指す。でも、これって〈正義を御旗に、上から目線で関わること〉ではないのか。私には、アメリカが「正義」を盾に介入して悉く失敗したイラクやアフガニスタンの姿に二重写しになってくるのだった。

ここに来て、ようやく「人権」は《自分の「生」を蔑ろにされた時の怒り》に始まるし、《怒りへの共感》が連帯を作り出すと得心した。だから、石牟礼道子の「悶えてなりとも加勢せんば」は、農民でも、漁師でも、武士でも、仏教徒でもよかったのである。「思いやりの心」や「啓発活動」などという、耳当たりのよい、それでてて我が身の不遜に気付かないようなおためごかしでは決してないのである。

《生き方考》その二六八
「チセ」という名前

二〇二一・四・二一

「チセ」とは、武田英子さん作の童話『火い火いたもれ』に出て来る女の子の名前である。話は、お母が病気になり、お父と一緒にふもとの村のお医者さまに行ったので、小さい女の子・チセが一人で留守番をする。その時、囲炉裏の火の番をして、〝決して、火を絶やしてはいけないよ。〟とお母に言われるが、チセが外で遊んでいるうちに囲炉裏の火が消えてしまう。夕方に気づいたチセは、困って泣き出してしまうのだった。そこに、泣き声を聞いた友達のムササビがやって来て、〝泣くな、チセちゃん。俺が一緒に火を探してやるよ!〟と言い、チセとムササビが一緒に火を捜しに行くという話である。この作品を、梶山正人さんが月刊『子どもの友』から見つけ出し、私と一緒に三年三組の子どもたちと音楽劇『火い火いたもれ』(武田英子原作梶山正人脚色・作曲)に取り組んだ経緯があった。今から四八年前のことである。

この時は、「チセ」の名前の由来など一度も考えたことが無かったが、この度北海道の『ウポポイ』(民族共生象徴空間　国立アイヌ民族博物館)に行って、アイヌの人の復元住居を観た時、表示板に「ポンチセ」「ポロチセ」「シノッチセ」と書かれてあって、「チセ(家・住居)」と表示されていた。その瞬間、私の頭は『火い火いたもれ』のチセに空間移動したのだった。「もしかすると、武田英子さんは、このこと（アイヌ語・アイヌの民族文化）を知っていて、「チセ＝家」を使ったのではないか？」と。しかし、武田英子（1930―2006）さんは既に亡く、梶山正人（1933―2008）さんもいなくなってしまった。どうでもいいことなのかもしれないが、今となっては「チセ」の名前の由来を確かめる術は無くなっていたのだった。

手元のＩＰで調べると、武田英子さんは、帝国女子専門学校（現在の相模女子大学）国文科卒業後、１９６９年に講談社児童文学新人賞を受賞した。その後、本格的に創作活動に専念していったようである。私の本棚には『青い目をしたお人形は』（武田英子著　太平出版社刊）があるが、戦争前にあった日米間の人形交流に関心を持ち、調べ続けてもいた。嘗て私が勤務した中田町・上沼小学校もこの本に記録されている。余談だが、同じく石巻・渡波小学校には歓迎の写真が残っていた。また、武田英子さんは『戦争と平和を考える会・会員』が示す通り、反戦・非戦の活動家でもあった。しかしながら、彼女のポピュラーな人物紹介欄を見る限り、アイヌの民族や文化には深く関わっていなかったようである。さすれば、「チセ」の名はいか様にして生まれたのか。今は昔の、憶測の世界になってしまった。

蛇足ながら、二年前に出来た『ウポポイ』は、体験・体感コーナーに力点が置かれ、誰でも気軽に関われる施設になっている。それはそれでいいのだか、私には、縄文人との交流や、東北との関わり、ひいては、沖縄の「海人（うみんちゅ）」との繋がりまで知りたかった。そしてまた、身体行動の「ナンバ」との関係を知りたかったのだが…。

「七五而不惑」のこと

《生き方考》その二六九

二〇二一・五・九

「七五にして惑わず」という語で、我が生き方・行動での区切りをつけてみたい。論語には、「四十にして惑わず」という文言が出て来る。これは、能楽師・安田登氏によれば「区切りを付けげず、新たな世界に広げていく」（『変調 日本の古典 講義』内田樹×安田登 祥伝社刊 ―『続生き方考』NO169）ということらしいが、此処では問わない。要は、我が生き方・行動の大半が、若い時からずっと「人を巻き込む」ことに拘泥してきた生き方に、七五歳にして区切りをつけたいということである。

私は、大学に入りようやく「自分で考える」ことの大事さに気づかされた。それで、履修科目を受講し単位を取ることの外に、自主ゼミの形で『初等整数論ゼミ』や『自然弁証法ゼミ』を行って来た。また、新任教師時代には母親たちと『母親文集の会』を始めたり、近隣校の教師たちと『授業検討の会』や『気仙沼・算数サークル』を立ち上げたりした。また、宮城教育大学附属小学校に転任してからは、『フィレンツェの会』や『いしなり』、『授業と表現の会』を呼びかけたし、附属小学校を出てからは、『石巻・算数数学サークル』『石巻・授業と表現の会』、『ごんぎつねの会』を始めたり、『スタニスラフスキィ・システム勉強会』、『オペラ・演劇鑑賞ツアー』、『アンサンブル・とどろき』、『万葉集私注の会』、『武悪の会』、『宮沢賢治・童話の会』、『七勾堀の会』、『武智歌舞伎・本読み会』、『さろんでさるろん』を行ってきた。また、教頭・校長の管理職時代には『管理職サークルⅠ・Ⅱ』、『ＳＨＥ研究会』、『六文銭の会』等を時のままに行ってきた。それらの会は、期限付きの時もあったし、私の転任時に自然消滅していったりしたのだった。

何故これほどまでに多くの会をその都度立ち上げて来たのかと言うと、私自身に《やりたい・知りたい》という思いがあった反面、常に《本当は、不要・不毛のことではないのか》との葛藤があった。だから、仲間に呼びかけ、仲間の起こす反応・行動から、自分の立つ位置を定めていくという「戦略」を無意識のうちに取ってきたのだった。仲間が多く集まり、会が活気づけば私の思考・行動が「良」であり、逆に仲間が集まらず、あるいは集まっても活気のない型通りの会になっていくならば、私の思考・行動が「否」であり、「自己満足の域を出ない」と知るのだった。

でも、この私流の思考形成の仕方は、呼びかけに応じた仲間からは、やがて〝あいつは、自分勝手な奴だ〟とか、〝いつまでも、付き合っていられるか……〟という厭戦気分や離反感情を引き起こした。中には、〝二度と顔を見たくない！〟という関係になった元仲間もいたようである。だから、「七五而不惑」なのである。もう「人を巻き込む」ことは止めて、「一里塚」への道普請を自分のみで運び続けて行くことにした。一休宗純の言う門松を、あと何回飾れるのか。ようやく、「斃れて後已む」の心境に達してきたのだった。

《生き方考》その二七〇

ＮＨＫ・Ｅテレ「梅若実玄祥　不滅の花をもとめて」から

二〇二一・五・一一

この番組は、「にっぽんの芸能」シリーズで三月十一日に放映されたものである。ＤＶＤに録画していたものの、コロナ禍にかまけたり、日常の瑣事に振り回されていて観る機会を逸していたのだった。

放映内容は、人間国宝の観世流シテ方・梅若実玄祥（七三歳）が、バレリーナの上野水香（東京バレー団・プリンシパル）とコンテンポラリーダンサーの大貫勇輔（ダンサー・俳優）と異流競演の形で、能楽舞踊劇『鷹の井戸』に取り組んだ時の映像である。能舞台で、能楽師との対応のみならず、笛や鼓、地謡に合わせてバレー・ダンスを踊るものだったが、実に新鮮で面白かった。

『鷹の井戸』とは、アイルランドの詩人・イェーツの戯曲を、明治大学教授の村上湛氏が能楽舞踊劇に脚色したものである。この『鷹の井戸』は、今までにも「新作能」として何度か舞台にかけられたことはあったが、今回のように「能楽舞踊劇」として異流競演の形で取り組まれるのは、初めてである。

劇の筋は、「とある小島に、古い枯れ井戸があった。しかし、その井戸の水は不老不死の水として言い伝えられてきた。それで、その水を飲もうとして五十年も待ち続けた老人がいたが、若者のフークリン（空賦鱗）が水を飲もうとやって来て、老人との争いになった。その時、井戸の精（鷹）が現れ、若者を誘惑し、遠くへ連れ出していく。その切な、一瞬井戸の水が湧きだすが、老人が飲もうとすると、井戸は元の枯れ井戸に戻ってしまうのだった。」というものである。写実でありながら、幽玄の世界を現象するという能独特の表現様式を、古典バレーとコンテンポラリーダンスという全く異質の表現形式とで交錯させようとするのだから、私の理解の域をはるかに超えているのだが、私の皮膚感覚には、魅力溢れる取り組みと響いてくるのだった。もしかすると、岐阜・美濃保育園の「表現活動」の行き着く先には、究極の理想像として、こんな姿（「能楽舞踊劇」）があるのかもしれない。

ま、私の取り組む「音楽劇」に関わって言えば、梅若実玄祥氏の言う〝動くだけが、能じゃないと思います。何も動かなくても、動いている姿が見えるとか、その存在が分かるというのが、能の究極じゃないか〟、〝まず写実があるっていうこと。写実だと普通のお芝居と同じになる。写実を徹底的にやって、その先に在るものを、(能は)求めなくちゃいけない〟、〝能ほど自由なものは無いけれども、自由っていうものは如何に凝縮されたものか…〟、〝模倣でいい。それを徹底的に学ぶ。真似する。学ぶってことは、真似することですから。そうして、その先に見えてきたものが自分のものになる〟等は、私らの目指す「様式」と同値になる。だから、「自然=合理」を子どもに求めるのである。

二〇二一・五・一七

《生き方考》その二七一

〝欲が無いですね〟のこと

〝欲が無いですね。あれで、分かるんですか?〟と斎藤喜博さんに言われたのは、音楽劇「火い火いたもれ」の手入れをしてもらいながら、学校(大学)の都合により途中で打ち切りにした時の言葉である。梶山正人さんが四二歳、私が二八歳の時だった。爾来、「欲深くなる」ことが、私の教師稼業での座右になった。

昨日、民生委員・担当地区での不登校になりかかっている子どものことで、担任教師(教師歴七年目の女性教師）と話す機会があった。その子（小学五年生の女の子）は、昨年の一学期後半から学校に行くのが渋りがちになり、夏休み後は、週に一～二回休むのが一～二回の登校になり、十二月にはほとんど行かなくなった。担任教師（四十代の男性教師・教師歴六年目）は、毎日電話をかけ続け、宿題等のプリント類も欠かさず送っていたが、担任とのコンタクトは途切れがちだった。それが、コロナ禍によるタブレット配布で一時の楽しみを作り出し、学校に来るようになったものの、タブレットによる対戦ゲームを知ってからは、ますます学校へ行く必要感が無くなってしまい、三学期は全く学校に行かなくなった。

私は、月に一回くらい訪問しては様子を聞いてきたが、それなりに元気で過ごしているものの、学校に対する興味や関心の話は一度も聞くことがなかった。そして、年度が替わっても、五月の連休時まで同じ状態が続いていたので、連休後に家庭を訪問してみた。その時、担任が女の先生に代わったことと、四月に二～三回連絡があったが、その後は何の連絡もないと話してきた。それでも、休日には、母親と買い物に出かけたりしていたと話したので、引きこもって孤立・孤独になっているのではなさそうであった。民生委員としての手持ちの情報はその程度だったが、学校や担任教師の応援に少しでもなれば……と、学校に出かけて行ったのだった。

担任の女性教師に二十分程学校での取り組みの様子を聞かせてもらった後、〝私は昔、教員をしてたんです〟と、私の昔話を始めた。担任の女性教師の話を聞いていたら、私が昔勤めた学校の卒業生であり、二者面談の形で話をした図工室が、我が娘の三年生時の教室だったので、勝手に親近感を持ったからだった。そしてまた、彼女の言葉の端々には、教師である自分に対してだけでなく、子どもたちや職場・学校に対して、焦りや虚無感、不安や苛立ち、徒労や諦め等が渦巻いていて、まだ若いのに「教師という仕事」に対して苦悩と諦念から抜け出せずにいることが感じられたからだった。

その後、一時間近く、私の昔話になってしまったが、その時何度も繰り返したのは、〝「今日が駄目なら、明日があるさ。明日が駄目なら、来月があるさ。来月が駄目なら、……。」と、駄目でもめげずに、楽天的に過ごさないと疲れてしまうよ〟だった。彼女は、私の話で幾分ほっとしたようだが、「欲」への道はこれからである。

二〇二一・五・二八

《生き方考》その二七二

教師にあってほしい「演出家の目（感覚）」

何時もの様に、朝の部屋掃除をしながらNHKのTVニュースを観ていたら、カンヌ映画祭に参加する前の是枝監督へのインタビューが放映された。二〜三分程度の短いものだったが、出品作品の『ベイビー・ブローカー』は「赤ちゃんポスト」に絡んでの家族の在り方をテーマにしたものだと言う。しかも、韓国人俳優による韓国映画だと言うのだが、韓国語が分からないので、事前に何度も韓国演劇を観たと言うのだった。是枝監督はその時の体験を、〝ことばが分からないので何度も観たが、演出家として、ことばでは見えないものが見えるようになった〟、〝ことばが分からないので、非常な集中力が要った〟と、核心部をかみしめるようにして、訥々と話したのである。

これは、「演出」を仕事にする者としては自明・当然のことなのかもしれないが、俳優の動きや俳優同士の関係、俳優が作り出す空間の緊張・色合い等が無意識に感得出来るということであり、それらに適宜且つ随時に企図した方向性を作り出していけるということである。黒沢明監督然り、小津安二郎監督然り、山田洋次監督然りなのだろう。

この「見えないものが、見える」という目（感覚）は、教師という仕事（教え育てる仕事）にとっても、必須不可欠のことである。子どもの発することばは、子どもに内在する多様・多面な内面の一表現でしかない。何時でも、子どものことばは、簡潔で明解・直截に想いや内面を表しているとは限らないのである。微妙に違っていたり、多分にズレていたり、時には逆の姿や思いを「ことば」で表してしまう。だから教師は、「ことば」では見えないものを見つけ出す目（感覚）が極めて大事になる。しかも、この見えないものが見える目（感覚）は、教師自身の思考や論理形成、そして情緒の在り様等、つまりその教師の「生き方」と密接不可分を為している。是枝監督が述懐するように、非常な「集中力」を積み重ね続けることでしか、我が身に生まれてこない。

『教育の演出』（明治図書一九六三年刊）を書いた斎藤喜博さんは、その目（感覚）を独力で身に着けたのだった。でも、斎藤喜博さん後にそれを体現した人は、私の知る限り梶山正人さんだけだった。だから、『斎藤喜博の世界　用語による思想形成のあとづけ』（松本陽一・高橋嘉明編一茎書房刊　一九八三年）が刊行されても、『教育の演出』の意味することが実践的に引き継がれて行かなかった。『俳優修業（スタニスラフスキィ著　未来社刊）が、テキスト本の如く、全国各地で読まれていったにも関わらずである。

子どものことばでは見えないものが見えるようになるには、日々の「集中力」が不可欠である。それでも、容易には見えないのかもしれない。でも、「生き方」の不断の精査と持続した集中力があれば、十年経ち二十年経ちして「時々、ちらっと美しくなる」（八木重吉詩）が、少しずつ見えるようになり、感得出来るようになってくるものである。

《生き方考》その二七三

「子どもの権利・子どもの人権」の保障は、大人の責務

二〇二一・五・三〇

五月二六日（木）の午後一時半から、石巻の複合施設「マルホンまきあーとテラス」で石巻市民生委員児童委員協議会の総会が行われた。会の後半に「現任研修」ということで、「認定NPO法人こども∞感ぱにー」の代表理事である田中雅子さんから「子どもの笑顔が地域のなかで育まれるまちに」という演題で、石巻・鹿妻地区で取り組んでいる「フリースクール　ぽはっく」と「プレーパーク　わたのは」の紹介を中心にした講話があった。ここでの活動は、二〇一一年三月の東日本大震災後に、九月に立ち上げたものだった。手作りあそび場から出発し、今では、子ども会議、昼食おやつ作り、スノーボード合宿、マリンスポーツ、畑作業、学習等々、様々な活動に常時取り組んでいる。子どもたちが楽しんで活動している様子も、動画に写っていた。スタッフも、子どもたちも、そして親たちも、活動を楽しんで、しかも精力的に関わっている。最近は、此処での活動参加を、出席扱いにしてもらえるよう、在籍学校とも交渉中とか。ともあれ、大変な活動である。めげずに、息の長い活動になっていってほしいものである。

話は変わるが、今日の河北新報の持論・時論欄に、元厚生労働副大臣の秋葉賢也氏（五九歳）

が「子どもの虐待防げ　児相と警察　連携深めて」のタイトルで一二〇〇字強の投稿をしていた。子どもの虐待相談件数が、ここ一〇年で三・五倍以上に増加（５６３８４件→２０５０４４件）している時、子どもの虐待防止のために、家庭への立ち入り調査に児童相談所と警察の連携強化が必要との趣旨である。また、この元厚生労働副大臣・秋葉賢也氏の提言文には、

厚生労働省は、地方自治体に対し、四月一八日付けで、交際相手などへの調査・指導や実態に即したリスク評価の実施徹底、交際相手への対応に係る警察との連携強化を求める通知を出しました。通知では、必要な場合の立ち入り調査の積極的な実施に加え、子どもの安全確認や安全確保に万全を期する観点から、警察官に調査・指導の際の同行を依頼するなど、子どもの安全を最優先に対応するように求めています。この通知を契機に、児相はためらうことなく立ち入り調査を行い、子どもの安全確保に努めていただきたいと強く願っています。」

と述べられていたが、このことに関して全く異議がない。児童相談所のみの対応では、対応しきれていないのが周知の事実だからである。児相職員にのみ問題解決を押し付けず、関係者の連携体制を早急に構築し、虐待行為が解消する社会体制を作り出してもらいたい。ただ、今回の秋葉賢也氏の一文には、「子どもの権利・子どもの人権」を保障するという観点が全く感じられない。連携の必要性は、「子どもの権利・子どもの人権」の保障から論を進めてほしかった。それが、二一世紀の政治家の責務であろう。大川小問題で何の役にも立たなかった文科副大臣の轍を踏ま

ないでほしい。

《生き方考》その二七四
〈デモクラシーは「過程の哲学」である〉のこと

二〇二一・六・一二

『丸山眞夫セレクション』(杉田敦編・平凡社ライブラリー刊)をまだ完読出来ずにいる。九割強読み進めてきたが、残り五〇頁弱を残してふらふらしている。飽きたら止め、気が向いたら読み始めるを繰り返しているからだ。ま、私流の読書法だから、気長に且つ気楽に進むしかない。

今回、「政治的判断」(一九五八年・信濃教育会での講演録)を読んでいたら、「デモクラシー自身は、過程の哲学」という文言に出合った。私は、演劇におけるスタニスラフスキィ・システムや、授業での斎藤教授学(※斎藤喜博さんの志向した教授学)をようやく「実践の学」と捉えられるようになったが、デモクラシーを「過程の哲学」とは、言い得て妙と即座に納得・了解した。

「デモクラシー(民主主義)」は、斯く斯くしかじかと定義して正解を競い合っても、何の意味も無い。お互いの立場の違いや、信条・心情の違い、嗜好等の違いの中で、僅かずつでもお互いに理解していき、それぞれの多様を認めあえるように思考論理を組み直し、練り直していく作業（つまり「過程」における哲学の不断の営み）の中で、デモクラシーの理念は、更なる高みへと昇華していく。だから、デモクラシーを思考し体現していくことは、大変に疲れる且つ根気のいる思考を持ち続けることになる。このことを、本文では次のように言う。

「……先ほど、にくらしいほどイギリス人は成熟した国民であるということを申しましたが、それは、民主主義の最も長い伝統をもっているということとまったく無関係ではないわけです。デモクラシーの円滑な運転のためには、大衆の政治的な訓練の高さというものが前提になっている。これがあって初めてデモクラシーがよく運転する。しかしながら反面、デモクラシー自身が大衆を訓練していく、ということでもあります。この反面ということを忘れてはならない。つまりデモクラシー自身が人民の自己訓練の学校だということです。」

工藤直子さんの詩集に、『てつがくのライオン』（工藤直子少年詩集・理論社刊）がある。主人公のライオンは、誰かに問われる度に、「てつがくしてるの」と答えるのが常套句。でもこのライオンは、カタツムリに「百獣の王は哲学的な様子をしているものだ」と教えられたが、「てつがく」というものがよく分からない。それで、まず姿勢を工夫してみた。そうして、日が暮れる頃「てつがくって、お腹がすく」と気が着いたのだった。最後には、シマウマに出会って挨拶をする。でも、シマウマは恐れて逃げるかもしれない……と、自問自答の「てつがく」を始めるのだった。

我が石巻で、ヤジが多すぎると、市議会から満場一致で退場を宣告された議員がいた。一議員の態度が悪いからと議員全員が一斉に思考停止してしまっては、「村八分」しか生み出さない。石巻の市議会も「自己訓練の学校」になっていってほしいものである。

二〇二一・六・一六

《生き方考》その二七五

コロナ禍と「浜田訴訟」

先日、ミヤギテレビ（読売テレビ系）の「そこまで言って委員会」を観ていたら、京都大学准教授の宮沢孝幸氏が出演していて、『ウイルス学者の責任』（宮沢孝幸著　ＰＨＰ新書）の本が紹介されていた。この「そこまで言って委員会」という番組は、もう十年以上も続いている長寿番組である。「たけしのＴＶタックル」（テレビ朝日系）に対抗して作られた番組のようだが、安倍晋三氏が十数回も出演しているような番組なのであまり関心も無かった。でも、準レギュラーとして田嶋陽子さんが出ており、毎回のように孤軍奮闘なのにも関わらず、めげずに孤高の人であり続けているので、何となく見続けてきたのだった。

で、この番組で紹介されていた『ウイルス学者の責任』を入手し読んでみたら、誠実な人柄が感じられ、ウイルスに関する専門用語をスルーしながら読んでも、コロナ禍の問題点や課題が私にも具体的に分かるのだった。しかも、読み進むほどに、昔関わったインフルエンザワクチン禍による「浜田訴訟」が思い出されたのである。

「浜田訴訟」とは、今から四五年前の一九七七年十月。宮城教育大学の数学教官だった浜田偉さんの長男・啓君が、学校でインフルエンザワクチンを接種後、四日後に足の苦痛から始まって、便秘、下半身麻痺と進み、脳腫瘍の疑いから脳の手術まで進む手前で、インフルエンザの予防接種にたどり着き、病状が小康状態になった後、担当医師から「インフルエンザワクチン禍の疑い」を告げられたのだった。該当自治体の泉市は早速調査委員会を発足させ、「予防接種による健康被害ではないかと推量される」の結論を出した。浜田偉さんは、その結論を受けて予防接種法による医療費の給付を国に申請したが、厚生省からは一年十ヶ月後に「却下」という一片の通知が届いたのだった。

「浜田訴訟」は、その後四年ほどかかって結審し一審を勝訴したが、表だっての争点は「接種後、四八時間以内での副反応の有無」だった。当時の医療判断は、「救済の対象は、四八時間内の発症」と限定していたのである。厚生省はこの基準に固執して却下を主張していたが、裁判が進むうちに、厚生行政のいい加減で硬直した姿勢が露わになり、海外では一週間後や一ヶ月後の発症例も弁護側から示されるに及んで、国側は二審への上告を断念し、結審したのだった。

前述『ウイルス学者の責任』を読むと、ワクチンを接種した後の副反応として、接種個所の痛みや硬直、発熱や節々の痛み等の他に、一週間後の意識不明状態や帯状疱疹、呼吸困難が上げられ、更に一ヶ月後の内臓疾患や脳機能の異常等、つまり「遅延型の免疫反応」が述べられている。ワクチンによる副反応は、直後だけではない。ワクチン接種が起因して、身体の各部位がじわじわと機能不全を起こしていく「遅延型の副反応」も考慮されるべきなのだった。

二〇二一・六・二八

《生き方考》その二七六

万作先生の『釣狐』を観て

六月二六日（日）に、NHK・Eテレ「古典芸能への招待」の番組で、〈野村万作が生涯かけ演じ続ける曲『釣狐』今年九一歳の万作自らが監修・貴重な映像を袴狂言で、野村萬斎とともに〉が、映された。番組そのものは、人間国宝の狂言ということで、山本東次郎さんと万作先生が二時間構成で放映されていた。

で、万作先生にとっての『釣狐』は、生涯をかけた狂言である。今までに二五回ほど演じてきたそうだし、四年ほど前からは衣装を簡素にした「袴狂言」の形で演じ続けている。わが師匠の石田幸雄師でも四七歳にして初めて披いた（拙著『趣味に生きる教師』1994.11.14記）ほどの大曲である。生涯に複数回演じるのが精一杯と思われている時に、万作先生は九〇歳の昨年までに二五回も演じてきたのだから、「並々ならぬ決意と思い入れ」と思うのみである。

今回、NHK・Eテレで放映された『釣狐』は、昨年八月（コロナ禍の真っ最中）に無観客の舞台で、袴狂言の形で演じられたものである。御歳九〇歳であった。つまり、老獪な古狐である白蔵主を、卒寿の万作先生が演じるのであった。石田先生が東京・水道橋の宝生能楽堂で『釣狐』を披いた時、〝素晴らしかった！〟と併せて、〝石田先生が一〇〇歳になって、一〇〇歳が演じる白蔵主を観たい……〟とエールを送ったが、真に、万作先生が前人未到の先鞭をつけたのだった。

私は、万作先生が演じる『釣狐』を観て、何と言ったらいいのか言葉を失ってしまった。〝すごいなあ！〟の一語しか私の脳裏には浮かんでこなかった。そうして、何度も反芻するうちに、万作先生の顔が「高齢者の顔だよなあ」に思い至った。つまり、演じる万作先生と、高齢者施設での入所の方々との顔が重なってきたのだった。そうして、はっと気づいたのは、「認知症って何だろう?」だった。万作先生の演技は、人間国宝と称号されるように、至高の芸である。誰も到達出来ていない世界で孤高になりながらもかっきりと演じている。無理無駄のない、それでいて九〇歳の古木であり続けている。でも、時折見せる表情は、高齢者施設の老人群と同質の表情なのである。だから、「認知症って何だろう?」になるのだった。

日本歌曲のパイオニア・柳兼子は「五〇には五〇の、六〇には六〇の、七〇には七〇の声がある」と言って歌い続けた。だから、万作先生の演技は、袴狂言になっても、九〇歳ならではの演技なのだろう。さすれば、「認知症」と言われる高齢者にも、その年齢を輝かせる活動があるのではないだろうか。思うに、高齢者施設には、昔取った杵柄の如く身体で覚えた「街角ピアノ」の高齢者や「日本画・洋画の絵師」、「工芸職人」の楽しみ且つ追求する場があってもいいのだろう。高齢者は、皆「先生（先に生まれたが故の知者・熟達者）」なのである。

二〇二一・七・一

《生き方考》その二七七

「学力の向上＝ペーパーテストの点数向上」から抜けられない教師たち

嘗て、通知表の評価欄は五段階での相対評価だった。一と五の評価が、人数のそれぞれ七％ずつ、二と四の段階が二四％ずつで、三の段階が三八％だったか（10-20-40-20-10の説あり）。数学者のガウスが見い出した自然分布曲線（ガウス曲線）を「正規分布」と言い表し、それを子どもの能力分布に当てはめたのだった。

私が教師になった時は、一学級が四五人学級（文部省の義務教育への国庫補助基準）だったが、それが、特殊学級（後の特別支援学級）を設置したり、一学級の児童数を四〇人→三五人→三〇人と減らしてきたものの、子どもの能力評価の姿勢は、「正規分布」への依存から依然として抜け出していない。ガウスの理論は、「一定の条件の下で、標本個体を自然な状態にしたならば」という大前提があってのことだった。「一定の条件の下で」とは、サンプルとなるどの個体も、条件（環境・刺激・反応等）が同じと認められることである。また「自然な状態」とは、意図的なり恣意的な刺激や働きかけが一切なく、あるがままの姿でということである。この理論・曲線を自然科学が取り入れたことで、様々な知見が得られるようになっただけでなく、多くの予見・予測も出来るようになった。統計学が「予測の科学」と言われる所以である。

ところが、この「ガウス曲線」を社会科学で利用すると途端に怪しくなる。「一定の条件」を社会科学（人間世界の営み）に持ち込むと、「一定の条件→絶えず変化」になり、「自然→恣意的」に晒されるからである。ましてや、人間の能力の評価となると、「正規分布」と言えるのかどうか、全く不明になる。早世・早熟で幼い時から秀でた能力を発揮する子もいれば、逆に魯鈍・鈍重と思われた子どもが、大人になって大成することもある。しかも、子どもは、周囲の一言・一動作で急に開花したり、委縮して休眠状態に入ったりする。

概して、人間の能力など一生を終えてからでしか評価出来ないものであろう。ましてや、子どもの能力など、その時々で目に見えたり形に現れるものは、五割にも満たないのではないだろうか。更にペーパーで測れる能力などは、その何分の一にも満たないはず。だのに、教師は、「正規分布」を頑なに信奉し、ペーハーテストでの点数・数値が子どもの能力評価だとひた走っている。その象徴的行動が「学力向上」の御旗ではないのか。

今日の地元紙『石巻かほく』に、「東松島市で、算数・数学の学力向上のために、少人数指導体制をとり、退職校長等のベテラン教師を配置する」との記事が載っていた。担当教師による授業の写真も載っていたが、私とは全く無縁のベテラン教師だった。私のように、「自作のプリントで、子どもの納得に基づいて」とは異質のよう。多分、「教科書で丁寧に」指導していくのだろうが、子どもの認識・理解の深さを馬鹿にしてはならない。子どもの理解・認識の在り様は、人類進化の典型であり、学力は子どもにとって「生き方の追求」なのである。

二〇二二・七・二二

《生き方考》その二七八
羽生結弦と日本舞踊

フィギュアスケートの世界で第一線を走り続けた羽生結弦（27）が、プロに転向するとの実質「引退会見」を行った。身体の様々の箇所に故障が起きるようになっても、クワッドアクセル（4回転半）に挑戦し続け、志半ばでのプロへの転向だが、〝今までよくやって来た！〟と思うのみである。次は、朝日新聞での羽生結弦・業績文である。

「　1994年、仙台市生まれ。ジュニア時代から将来を嘱望され、2010年にシニアデビュー。11年の東日本大震災を乗り越え、五輪では14年ソチ、18年平昌で男子では66年ぶりとなる連覇を達成し、冬季五輪の金メダリストで初めて国民栄誉賞を受賞した。14，17年には世界選手権も制し、グランプリ（GP）ファイナルは13年から4連覇。全日本選手権では6度優勝した。北京五輪のフリーでは前人未到のクワッドアクセル（4回転半）に挑戦。転倒したが、国際スケート連盟（ISU）公認大会で初めて4回転半を跳んだと記録された。　　—以下略—　」

羽生結弦がプロに転向したことは、今後、フィギュアスケートの様々の競技会に参加しないことを意味している。それでも彼氏は、〝今後も4回転半に挑戦し、皆さんの前で成功させたい〟と語っているのだから、アスリートとしてのチャレンジ精神は持ち続けていくようだ。ただ、今までに我が身に起こった様々の故障を思う時、「倍加の練習量で、可能性を実現していく」という発想には至らなかったと思う。もしそうならば、我が身を知った賢明な判断と思える。

話は変わるが、相撲の世界で「若貴時代」を作った若乃花が引退した時、引退会見で〝今後は、昔からやりたかったアメリカン・フットボールに挑戦してみたい〟と語ったことを思い出す。私は、若乃花が今後何をしようともどうでもよかったが、スポーツの格闘技とも言われるアメリカン・フットボールに挑戦したいとの意に、微かな期待を持ったものだった。つまり、相撲という格闘技で、「ナンバ」の身体行動を徹底して身に着け、最高位の横綱にまで上り詰めた若乃花が、完全に西洋流の身体行動で動き回るアメリカン・フットボールの世界で、「ナンバ」流の身体行動をどう生かしていくのかが、私の関心事だったからである。でも、その後の若乃花の行動は、私とは無縁になった。若乃花に内在する身体行動・ナンバが、残念ながらアメリカン・フットボールの世界とは繋がっていかなかったようだ。

翻って、羽生結弦のプロ転向とは、「スケート技術の更なる飛躍を目指す」というよりも、「フィギュアスケートの世界で求められる表現力の向上・深化に一層取り組んでいきたい」ということではないだろうか。だとすれば、是非、「日本舞踊」を習ってほしい。しかも、坂東玉三郎とか井上八千代とかを「師」としてである。これが適ったなら、羽生結弦の表現力は格段に変わるだろう。野村萬斎さんのアドバイスによる「天と地と」の手の動きが、如実にそのことを物語っていた。

《生き方考》その二七九

教育研究者の「教育研究の在り方」

二〇二二・七・二四

二〇一九年暮れに、横浜に帰港したクルーズ船の「コロナ騒動」から日本のコロナ禍が始まった。何度か感染の増大と収束を繰り返し、その間「緊急事態宣言」が日本政府や各自治体から発せられて、日々の行動制限がなされたり、経済活動も停止や縮小を繰り返してきた。それでも、現在は第七波に突入し、各地で感染者数の新記録を更新し続けている。コロナ対策用のワクチン接種も四回目を迎え、高齢者だけでなく医療関係者や介護施設従事者にも接種の枠を広げているが、コロナウィルスも変種株を次々と生み出し、人間世界での慌てふためく様子をあざ笑うように、したたかに変身し続けている。もしかすると、人類（ホモ・サピエンス）の進化史上での最大の危機なのかもしれないが、自分なりの生きる術を駆使しながらも、歴史の流れに身を任せる他に術はない。

尤も、この期に及んでも、保身に走る政治家や、利潤追求から離れられない医学関係者・製薬会社、そして私権の拡大に奔走する宰相がごろごろしているのが情けない。何故弱き者、貧しき者、日々の生活で精一杯の者等を踏み台にして、我が身の安泰と欲望を優先しようとするのか。

「人間のサガ（性）」とは決して思いたくないのだが……。

ともあれ、コロナ下での行動制限・行動自粛が日常化しているので、この機会にと『日本型公教育の再検討』（大桃敏行・背戸博史編著　岩波書店刊）と『算数文章題が解けない子どもたち』（今井むつみ他著　岩波書店刊）を購入し読んでみた。教育の世界（学校）から離れて一五年も経過し、〈今は昔〉のことになったのだが、縁あって障がいを抱える子どもの親や、不登校の子どもたちがいる学校に関わる機会が出て来たからである。教育研究者の肩書を持つ現役著者の方々とは、一面識も無かったし、彼氏・彼女等の業績も一切知らなかったが、発行元の良心と堅実さを信じて購入してみたのだった。

でも、両本とも私の期待に何一つ応えるものではなかった。現在の学校教育や子どもの実態に関する統計的数字は「これでもか」と言うほど掲載されていたが、「だから、どうするのか」が全く見えてこない。別言すると、日々様々な子どもたちと対峙し、自身の技量不足も含めて学校現場に翻弄されている教師にとって、一筋の光明も見えないのだった。書かれてあるのは、原因と思しき断定的解説と用語の連発だった。

教育社会学の立場から「統計的数値と処理」があっていい。また、教育心理学の立場から「認識の階層と分類」があっていい。でも、これで〝後は、現場教師の仕事です〟と突き放されては、教師の立つ瀬がない。というより、学校現場の教師にとっては、我が身の不足を指摘されただけで途方に暮れてしまうだけである。此処でも、教育研究者を名乗る研究者群が、斎藤喜博さんの

「島小→教授学理論」や、遠山啓さんの「水道方式→量の理論」を学ばない不見識さと、一面的思考が気になるのだった。

《生き方考》その二八〇

「どどいつ（都々逸）」への思い出

二〇二一・七・二五

ようやく『限界芸術論』（鶴見俊輔著　ちくま学芸文庫）を読み終えた。鶴見俊輔氏自身が「限界芸術」の用語を活字に使い出したのは一九五六年とか。一九六七年には『限界芸術論』の単行本を勁草書房から出版し、一九七五年には『鶴見俊輔著作集』を勁草書房から出版して、「限界芸術」を理論的に体系化したのだった。当時の私は、「限界芸術」はおろか、「鶴見俊輔」という人にもほとんど関心が無かった。小田実と「べ平連」を主導している……程度の認識しかなかったし、暇に任せて日本民芸館に行ったりしたのだったが、それだけだった。

爾来、四十年以上の時を経て、ようやく鶴見俊輔氏の『限界芸術』にたどり着いたのだった。鶴見俊輔氏によると、芸術の世界は「限界芸術―大衆芸術―純粋芸術」の各階層を経て純化・特化していくと言う。我が人生が「音楽劇」への取り組みに集約化していったことを振り返ると、極めて納得いくことである。取り組む音楽劇が、民話や絵本、昔話や児童文学を素材にしていることは、まさに「限界芸術」のレベルである。しかも、その取り組みが「大衆芸術」や「純粋芸術」を十分に視野に入れてのことであるからだ。ま、気分だけは、「間違っていなかった！」と思えてくる。

ところで、この『限界芸術論』を読んでいたら、「どどいつ（都々逸）」に触れた文があった。インターネットで「都々逸」を調べたら、「七・七・七・五や五・七・七・七・五の音数律に従い、主として男女の恋愛を題材として扱った情歌。三味線と共に歌われる俗曲で、音曲師が寄席や座敷で演じた出し物であったが、江戸末期に初代の都々逸坊扇歌（1804―1852）によって大成された。」とあった。司馬遼太郎の幕末小説には、脱藩浪士が座敷で芸者の三味線に合わせて都々逸を吟じる情景が出てくる。当時の雰囲気は小説の情景描写でしか知り得ないが、次の歌が記録されていた。

・三千世界の鴉を殺し　ぬしと朝寝がしてみたい　　高杉晋作

・世の人は　我を何とも笑わば笑え　我なす事はわれのみぞ知る　　坂本龍馬

・立てば芍薬　座れば牡丹　歩く姿は百合の花　　作者不詳

・恋し恋しと鳴く蝉よりも　鳴かぬ蛍が身を焦がす　　作者不詳

ずっと昔。宮城教育大学の横須賀（薫）研究室の学生が「ひよことたまご」という手作り機関誌を出し、和歌に挑戦したことがあった。私も縁あって応募したが、その作品群を斎藤喜博さんに見せたら、〝これは、和歌ではなくて都々逸ですよ！〟と一蹴されたのだった。私を含め、若い学生にとって和歌も都々逸も全く分からない頃の思い出である。

追：「たんぽぽのはら村」での都々逸　壁の隙間に降る降る雪よ　明日の我が身は知れたもの

のねずみごんぞう

二〇二一・八・九

《生き方考》その二八一
「矛」の収め方

先日、『わが青春つきるとも　――伊藤千代子の生涯――』という自主上映の映画を石巻・マキホンまきあーとテラスで観てきた。この映画の主人公・伊藤千代子は、一九〇五年（明治三八年）に山梨・諏訪の地に生まれた。家庭内での曲折があったが、やがて東京女子大学に進み、そこで社会科学研究会の活動に参加する中で、マルクス主義の理論を身に着けて更に活動を進めていく。折しも、時勢は天皇制・軍事強国へと舵を切り、「治安維持法」が発令されて共産主義者は次々と検挙・投獄されていった。その流れの中で伊藤千代子は検挙され、一九二九年（昭和四年）に獄死（※獄中では自説を曲げず、拘禁の中で精神錯乱をきたし、最後は松沢病院に入院するも一ヶ月後に死亡）したのだった。

その報を知った土屋文明（諏訪高女時代の教師）は、六年後に次の歌を詠んでいる。

こころざしつつたふれし少女よ　新しき光の中におきておもはむ

高き世をただめざす少女等ここに見れば　伊藤千代子がことぞかなしき

（『アララギ』昭和十年所収）

斎藤喜博さんは、終生、土屋文明を師と仰いできた。私は、前述の映画から、土屋文明の新たな一面を観て、土屋文明を「師」と仰ぎ続けた斎藤喜博さんの志し・信念・生きざま等に触れた思いだった。六十年代後半、勝田守一氏が　病床から云った「頑固・柔軟・活発」の源泉は、ここでも斎藤喜博さんと通底し合っていたのだった。

で、これも今は昔。広島・太田小学校での公開研究会の時のことである。授業参観後の全体会で、〝何故、太田小学校では「民舞」に取り組まないのですか？〟と質問した女性教師がいた。すると、講師席にいた斎藤喜博さんは、すかさず自席のマイクを取り上げて、〝私は、「民舞」は嫌いです！〟と言ったのだった。会場は、一瞬思考停止状態になったが、その後は一度も「民舞」に関する話は出なかったのである。※『生き方考――その四五――』に関連文掲載。

この時の斎藤喜博さんの言った意味が、私は、校長になって「子どもを守り育て、職員を守り育て、そして学校を守り・学校をつくる」仕事に全力で傾注し出して、ようやく分かったのだった。あの時、斎藤喜博さんは、一つにはこの話は論争になり、収集がつかなくなると判断したのだった。また二つには、太田小学校の校長さんが答えたのでは、その後までも尾を引くと判断したのだった。そして三つには、私の類推だが、目の前で授業や合唱等で子どもたちの姿を観ているのに、それとは関係のない質問をする教師の呑気さにいたたまれなかったのだろう。だから、咄嗟に矢面に立って、自分で背負い込む決断をしたのだった。でも、それに思いの及ばぬ参観者には、〈斎藤喜博は、独善で横暴だ〉の世評をまた一つ広げたようである。残念ながら、実践に学ばない姿勢は、教育界では現在もまだ続いている。

《生き方考》その二八二

「社会を明るくする運動」のこと

二〇二一・八・一九

人権擁護委員になってから、ずっと気になっていたことの一つに、「社会を明るくする運動（社明運動）」があった。私が現職教師時代にも、地域の名だたる人たち（区長、民生委員、少年センターの方々、社会福祉協議会役員、保護司等々）が年に一度、「社会を明るくする運動」の桃太郎旗を掲げ、街中を行進していた。でも、内容は、少年・少女の非行対策であり、「健全育成」が主張だった気がしていた。だから、私のようなぐうたら人間には、何となく胡散臭く感じられ、関わるのを無意識のうちに避けてきた気がする。

今回、『人権のひろば　１４６号』（公益財団法人 人権擁護協力会発行）と『アイユ　vol373』（公益財団法人 人権教育啓発推進センター発行）の二誌に、法務省保護局名で「社会を明るくする運動」の記載があった。石巻法務局の補佐さんに聞くと、法務省保護局とは、刑務所や少年院・少年鑑別所や保護司さん等に関わっている部署とか。私の関わる人権擁護委員は、人権擁護局の傘下に入っている。つまり、法務省の下でも、保護局と人権擁護局は別組織になっていたのだった。もしかすると、「公」の場では、今もって「矯正」と「人権」は相いれないのかも……。

で、「社会を明るくする運動」は、昭和二四年に東京・銀座での戦災孤児の救済が発祥だったとか。戦争の惨禍で親兄弟を無くし、その日の糧を求めて銀座の路上や倉庫・地下街、マンホール等にたむろしていた子どもたちを何とか救済してやろうと動き出した「銀座フェアー」が始まりだった。それが、戦後の浮浪児対策として法務省の保護局が動き出し、やがて浮浪児・非行児対策の地域運動として「社会を明るくする運動」へと進展していったのだった。

現在、法務省保護局では、「#生きづらさを生きていく。」というメインコピーで社明運動に取り組んでいる。〝いつの時代にあっても、心の傷、生きづらさが認められます。その原因には、ひどい虐待であったり、何らかの障害があったり、最愛の人との別れであったり、愛されることのなかったがゆえの人間不信であったり、それは様々です。災害や犯罪による被害、何かの失敗などもあります。また、「生きづらさ」の中心には、孤独があります。……〟と述べられている。

そして、「犯罪や非行のない安全で安心な地域社会」「包摂的なコミュニティ」を目指して、一層社明運動を進めていくようである。でも、何故に「人権」の二文字を社明運動の基底にしないのか。また、何故に人権擁護局は、浮浪児救済に関わらなかったのか。『子どもの権利条約』の国連採択が一九八九年だったとしても、日本国憲法や教育基本法、そして児童憲章が戦後まもなくに制定され、土壌は十分に出来ていたはずである。

今、学校では、青少年の健全育成の名目で「社明運動＝あいさつ運動」が相互補完し合っているようだ。学校及び教師の「こども観」が問われている。

《生き方考》その二八三

「福祉の心」、「人権の目」、そして「教育の営み」のこと

二〇二一・九・九

今期限りで、十五年続けてきた民生委員を辞めることにした。担当地区内に〝民生委員をやってみたい〟という人が現れたからである。その方は、まだ六十歳前半で、保護司もやっている。それで、推薦人である区長さんに話し、十一月いっぱいで交代することにした。民生委員は、全国各地に一万八千人程おり、無給のボランティア活動（実際は、月五千円〜七千円程度の活動費

が支給される）である。各地の民生委員の方々は、厚生労働大臣名の委嘱状一枚で、使命感溢れる活動をしている。でも、東日本大震災の時は、宮城県の沿岸部では十数名の民生委員が命を落としたり、三年前の長崎豪雨でも、助けに行った高齢者と流されて死に至ったことが報道された。それだけに、〝とてもじゃないが、やってられない！〟と、一期（三年）や二期（六年）で辞めてしまう方も結構いるのが現状である。

で、民生委員を十五年ほどやって来てつくづく感じるのは、委員の彼氏・彼女らは極めて「福祉の心」が旺盛だということである。つまり、「福祉の心」とは、〈困っている人を見たら、放って置けない〉という気持ちであり、即行動に移してしまう意識とでも言ったらいいのか。だから、皆さんは、家庭ごみを運んでやったり、一緒にタクシーで病院に行ったり、避難所に連れて行ったり等を苦にせずにやってしまう。まさに「福祉の心」が人一倍旺盛な人達である。反面、落とし穴に落ち入る可能性も孕んでいる。「優生保護法」を御旗にして障害のある女性に堕胎手術を勧めたり、「ハンセン病」患者を地域に住めなくしたり……。それだけに、昨今の「福祉の心」は、「人権」と表裏を為している。

また、「人権の目」とは、〈その人の、生き方における人権感覚〉のことである。教員を退職後、私は人権擁護委員（これもボランティア活動。法務大臣名の委嘱状で実費弁償のみの無給の仕事）も務めているが、様々の人権相談に立ち会って感じたことは、相談に来た人の大半は、職場や学校、家庭等で、使い勝手のいいようにしか処遇・対応されていず、自分の存在に悩み・苦しんでいることだった。まさに、「人が、人として生きる権利」を蔑ろにされている姿だった。社会のひずみや歪みが弱い部分にしわ寄せになり、その中で自分を失いかけているのである。でも、人権擁護委員は、無給のボランティア活動である。給与が与えられ、それに伴う職権を持つ警察官でも、児相職員でもない。ましてや、調停委員や裁判官でもない。人権擁護委員は絶えず自分の「人権意識」「人権感覚」を研ぎ澄ましておかないと、世間一般の「常識の世界」に瞬時に堕してしまう。

そして、「教育の営み」とは、〈絶えず、子どもの「納得と了解」から出発する〉行為・姿勢のことである。子ども自身が発する、〃うん、分かった〃や、〃ああ、そうか〃、〃よし、やってみる〃等が、授業の場でどれだけ起こっているのか。これなくしては決して「理解」には進んで行けないはずなのだが、今の学校からどんどん失せていっている。

二〇二一・九・一四

《生き方考》その二八四　番外編

「エーユー（Au）歌壇」投稿作品

――短歌のつもり――（『生き方考』その六七）

○　無神経な言葉使いし我が驕り　辺りの反感でようよう身に染む

二〇一一・一〇・二三

――都々逸のつもり――（『生き方考』その二八〇）

○「たんぽぽのはら村」で一首

壁の隙間に降る降る雪よ　明日の我が身はしれたもの　のねずみごんぞう

二〇二二・七・二五

――俳句のつもり――

○　烈（こわし）雨（あめ）押し寄せ来（きた）る　名蓋（なぶた）川（がわ）

二二・九・一三

「エーユー（Ａｕ）」とは、「金」の元素記号である。酸素が「Ｏ」、水素が「Ｈ」と同じである。学生の時、東北民教研の秋田・大館大会だったろうか。会場近くの路上で、高橋金三郎先生に出会った。高橋金三郎先生には、数日前に宮城教育大学の研究室で、〝先生、おかしいと思いませんか？　学生には「学割」という形で料金等を安くしているのに、東北民教研では、親も学生も、給料をもらっている教師と同じ扱いになっています！〟と直訴していたのだった。高橋金三郎先生は、東北民教研の運営者でも責任者でもないのに、「共同研究者」という欄に名前が載っていただけで、私は「学生の権利拡大」とばかり、事の後先や事の重大さも全く考えることなく、

「身近な相談相手」のつもりで、勝手なことを言ったのだった。学生三年の夏のことだった。それでも、高橋金三郎先生は、私を見つけるなり、〝田中君、学生割引があるようにしてもらったから……〟と言うのだった。その時の金三郎先生のバックに、「Ａｕ」の文字を見つけたのだった。それ以来、「Ａｕ」は、我が人生の指針・指標であり続けている。

「たんぽぽのはら村」は、梶山組の相方だった文屋國昭さんが恋した詩人・工藤直子の詩集に出て来る。だから、私も「のねずみごんぞう」名で勝手に闖入させてもらった。また、名蓋川は宮城・大崎地方の用水堀のような小さな川である。その名蓋川が、昨年・今年と、大雨で二度も堤防が決壊し、地域に大水害を起こしたのだった。米どころ・大崎耕土の農家の人達は、行政の無策と呑気さに、ただただ無念の思いを飲み込む他なかったのだった。この俳句は、「五月雨を集めて早し　最上川」（芭蕉）を教材として考えていた時に、思考が空間移動して出たものである。

《生き方考》その二八五

前川清の「逃げる手拍子」

二〇二一・十・一六

前川清とは、歌謡曲の「長崎は今日も雨だった」を持ち歌にして歌っている流行歌手・前川清（七四歳）のことである。彼が、ＮＨＫの朝ドラ「舞い上がれ！」に、島の診療所の医師として出演していた。その「舞い上がれ！」では、飄々とした多分にボケ役的な役柄になって、診療所の医者を演じていた。坂上二郎や船越英一郎と違って、演じる姿にくどさや嫌みが無い。自然体で演じているものの安易な俗っぽさがないのが苦労人の現れなのか……。

ＩＰ――前川清欄――　一九四八年、長崎県北松浦郡（現佐世保市）鹿町町大加勢の生まれ。米軍の佐世保基地の兵舎から流れてきたジャズに衝撃を受け、中学、高校とジャズに熱中し、歌手への夢を抱くようになる。高校を二年で中退後、長崎市内のキャバレーで歌っていたところを見い出され、「内山田洋とクール・ファイブ」にリード・ヴォーカリストとして参加。「長崎は今日も雨だった」でメジャーデビュー。クール・ファイブの一員だった時代の初期は、常に澄まし顔で斜に構え、ほとんど喋らないと言う冷たい二枚目キャラクターだった。だが一九七〇年代半ばに萩本欣一がフジテレビ「欣ちゃんのドンとやってみよう！」のレギュラーに起用。二枚目キャラの裏側に隠れていた大ボケな個性を引き出し、お笑いの才能も広く認められるようになった。

（以下略）」

で、この前川清が「舞い上がれ！」での宴会場面で、みんなが民謡に合わせて手拍子を取っている時、彼氏一人だけが手拍子の手を、下に流していたのだった。つまり、みんなは「ナンバ」の手拍子で、両手を押し付けるようにしていたのだが、医者役の前川清だけが、合わせた手をすぐに下に流していたのだった。それを見た時、一瞬〝何故、彼だけが皆と違う手拍子にしているのだろう。もしかすると、何か意味があるのかも……〟と思ったが、二日経ち、三日経ちして、ようやく氷解してきた。「あれは、彼が歌唱修行の中で体得したリズムの取り方と発声の仕方に違いない」とである。

つまり、語尾を強めると「演歌」や民謡の発声になってしまう。でも、歌詞の日本語を明確に歌うには、語の初めよりも語尾を強め、時には言い切るように押し付けなければならない。だから、日本の古典芸能（能・狂言・歌舞伎・文楽等）は、語尾を強め言い切るように語り且つ謡う。つまり、「ナンバの発声」をする。でも、演歌調や民謡調で歌いたくない前川清は、「語尾を強めていきながらも、さっと逃げる」発声・歌唱法を身に着けたのだろう。それが、手拍子での演技にも、無意識裡に現れたのに違いない。ちなみに、イタリア・ローマで声楽の修業をした梶山正人さんは、「弾く手拍子」だった。

《生き方考》その二八六

「生活単元学習」の破綻とプラグマティズム

二〇二一・十・二七

私は学生の時、「数学教育の現代化」に拘って卒論を書いたが、当時の指導教官だった横須賀薫先生に〝学生の卒論は、いろいろ本を読んだということが分かればいいんですよ……〟と言われた通り、やたらと「業界用語」を羅列するのが精一杯で、卒論試問で〝近代化と現代化ではどう違うのですか?〟と尋ねられて、しどろもどろになって説明するのがやっとのレベルだった。ただ、卒論を書く作業の中で、〈何故、戦後の「生活単元学習」は破たんしたのだろうか?〉が、ずっと私の中で、教師になってからもおき火のように燻り続けたのだった。

話は変わるが、世の中がコロナ禍に巻き込まれたことで、私の生活スタイル・生活リズムがガラッと変わってしまった。でも、私への効は、「行動自粛＝読書」によって、鶴見俊輔氏を知ったことであり、「経験主義・実用主義」と受験用語的にしか知り得ていなかった「プラグマティズム」の真の姿を、鶴見俊輔氏の著作を通して知ったことだった。つまり〈事実に基づいて、事実を変えていく姿勢や思考・行動のこと〉と、ようやく納得し了解出来たことである。だから、「アメリカン・ドリーム」は現実に起こり得ることなのだし、逆に「アメリカ＝人種のるつぼ国」では格差や差別も日常的にあり続けると思うのだった。

で、話は「生活単元学習」に戻るが、第二次大戦後、戦勝国の米国は、日本における政治体制や社会体制、教育体制等を次々と変えて行ったが、教育においても教育使節団の指導の下、「プラグマティズム」の思考論理に基づき教育内容が大きく変えられていった。その最たるものが「生活単元学習」だった。そして、その弊害が顕著に表れた教科が算数・数学だった。

「算数・数学を教えるのではない。生活に気づきを起こすのだ」等の文言が伝達講習会で講師から幾度となく語られたが、結果、「学力が二年は遅れた」と言われる状況を生み出したのだった。そんな中で、戦前の生活綴り方運動が復活するのを契機に、教育の世界に民間教育運動が燎原の火の如く燃え上がり、遠山啓さんを中心にした数学教育協議会が発足していくのだが、この件は別の機会に述べてみたい。

「生活単元学習」が破綻したのは歴史的必然のようにも思えるが、私の中で「おき火のように燻り続けた」のが、ようやく鶴見俊輔氏の語る「プラグマティズム」を知って、得心したのだった。〈事実に基づいて、事実を変えていく〉には、子どもに対峙する教師自身の「自分の生き方への強く深い学びと問い直し」が必須不可欠だったのである。

《生き方考》その二八七
私流「プラグマティズム」理解

二〇二一・十・二八

前回、「生活単元学習」の破綻は〈事実に基づいて、事実を変えていくには、子どもに対峙する教師自身の「自分の生き方への強く深い学びと問い直し」が必須不可欠だった〉と述べたが、それに関わっての思いをもう少し進めてみたい。

戦後、教育改革の一環として導入された「生活単元学習」は、米国・デューイの教育論が土台にあったことは、戦後教育史が示している。それが、僅か十年足らずで一掃されてしまったのは、戦後の政治体制と戦前回帰への社会動勢の変化（指導要領の私案から告示　勤務評定の実施　教員組合から管理職の離脱　地方自治の棚上げ化　等々）が大きな因を為している。でも、学校現場の視点からすると、戦前からの教師の大半が前言の如き必須不可欠の行動を取らなかったことによると言う他ない。

そんな流れの中で、斎藤喜博さんの存在は特異だった。私は、大学一年の時に写真集『未来誕生』で島小・斎藤喜博を知り、〝小学校の教師になって、校長になり、斎藤喜博さんのような仕事をしよう〟（拙著『生き方考』に記述）と心に秘したのだった。でも現実には、校長職に就くのは五十歳前後のこと。だから、私の「生き方（Way of Life）」は、教師の仕事が「校長になるための修行」でもあった。その時、斎藤喜博さんの教育姿勢と言える〈事実に基づき、事実を変える〉ことに徹することが、私の指針になり続けたのだった。

教師になって五年目。私は宮城教育大学附属小学校に転勤した。そこで、私は梶山正人さんに出会う。梶山正人さんは長崎県の教師だったが、音楽を更に専門的に勉強したいと国立音楽大学に入り直し、東京・町田市の教員になった。その町田での教師時代に『授業』（国土新書）で斎藤喜博さんを知り、「第三日曜の会」に通うようになったが、そこで更に〈教師を続けるには、本格的に専門を学ぶ必要がある〉を痛感し、「ベルカント」の本場、イタリアへ単身旅立ったのだった。そんな経歴の梶山正人さんと、私は宮教大附属小で一緒に仕事をしたが、その梶山正人さんは、「生き方に関わる深い学びと問い直し」を体現し、それを教師の仕事という形で確実に歩み始めていた。当然〈教師の仕事＝事実に基づき、事実を変える仕事〉という斎藤喜博さんの教育姿勢を実践化するものであった。

梶山正人さんは、附属小学校から千葉経済短期大学に移っても、〈事実に基づき、事実を変える〉姿勢は、終生変わらなかった。別言すると、自身の生き方に関わる深い学びと問い直しに裏付けられた「教師の仕事」の在り様を、命尽きるまで実践で示し続けた人だった。

斎藤喜博さんや梶山正人さんが道普請した「教師への道」を、遅ればせながら私も普請に参加しようと、額に汗して歩み続けている。

《生き方考》その二八八

「教育の目的」を見失った教育行政

二〇二二・一一・一

平成一八年に教育基本法が「改正」されて、既に十四年が経過した。教育の目的である「人格の完成を目指し…」の文言はかろうじて残ったが、〈戦後教育の総決算〉を目指しての「改正」だったのだから、政権与党にとっては大満足の「改正」だった。しかし、常に下積み・下層に回される社会的弱者にとっては、幾ばくかの恩恵は与えられたものの、本質的前進には程遠い「改悪」でしかなかった。それでも、教育の目的に手を付けなかったのは、〝大勢に影響はない〟と踏んでのことだったろう。ま、大衆・庶民をみくびった傲慢不遜な驕りと言う他ないが、ここでは触れない。

ところで、本日の朝日新聞に『障害ある子ども「人権侵害」』の見出しで、大阪・枚方市と東大阪市の親子五組一三人が大阪市弁護士会に人権救済を申し立てたとの記事が載っていた。記事によると、申し立ての理由は、〝文部科学省が今年四月、特別支援学級について「特別支援学級に在籍する児童や生徒は、原則として週の半分以上を支援学級で授業を受けること」を全国に通知したが、障害がある児童生徒を「分離」あるいは「隔離」することは差別であり、人権侵害である〟と言うものだった。背景には、枚方市と東大阪市などで支援学級に在籍しながら多くの時間を通常学級で健常児とともに学ぶ児童生徒に対し、「学びの場」の選択を迫る方針が打ち出されたことがあった。また、親の方からも〝今後、週半分以上を支援学級で過ごすことになれば、通常学級は「お邪魔します」という立場になる。それは親としてとても悲しい〟ということがあった。

教育行政の立場からすれば、〝特別支援学級の対象数が定まらなければ教員定数を定められず、ひいては教育予算の見通しが立たない〟という事情によるのだろう。それ故、学級の人数を定めるにはそれ相応の理由が必要（それが「週の半分の時間」）ということなのだろう。

しかし、教育の世界では、〈教育的配慮〉の下に弾力的に対処し、目の前の子どもへの精一杯の有効・有用姿勢を取って来た。でも〝国が進める教育行政にとっては、有害無用の対処法である〟と言うのが、文部科学省による「週半分以上」という通知が示す内実である。一片の通知で、各地の教育委員会を傘下に置こうとする文部科学省の態度には呆れる他ないが、その態度以前に、教育基本法に掲げられた「教育の目的―人格の完成を目指し…」が全く蔑ろにされている。健常児・障害児の別なく、「子どもの人権（学ぶ権利・育つ権利・互いに関わりあう権利等）」を最大限に認め、それを各学校が具体的に進められるよう施策・予算・人事等を上手く進めていくのが教育行政であり、その内実を具体的に作り出すのが各学校の役割・仕事である。「教育の目的―人格の完成を目指して…（つまり、子どもの人権）」を忘れた教育行政は、体制維持に安住した形での自己保身が露わになった官僚意識の弊でしかない。

《生き方考》その二八九

「フロントランナー（先駆者）」としての自覚

二〇二二・一一・一三

《都々逸》のつもり

人権意識の欠けたる大臣　先駆者気取りで墓穴掘る

大臣とは、葉梨康弘法務大臣のことである。辞任表明後に、岸田文雄首相から「軽率な発言だ。国民の信頼を損ねた」（一一月一二日付　河北新報報道より）と言われ、実質更迭されたのだった。では、何故葉梨法相は辞任したのか。新聞報道によると、

・だいたい法相は朝、死刑（執行）のはんこを押す。昼のニュースのトップになるのはそういうときだけという地味な役職だ。

・世界平和統一家庭連合（旧統一教会）問題に抱きつかれてしまい、解決に取り組まなければならず、私の顔もいくらかテレビに出るようになった。

・法務省は票とお金に縁がない。法相になってもお金は集まらない。なかなか票も入らない。

と述べたことが世論の反発を買い、結局は辞表を提出するに至ったということである。葉梨康弘氏は、東京大学の法学部を卒業後、警察官僚のキャリア組として入庁したが、二〇〇三年に衆院議員に初当選し、二〇二一年一〇月には六選を果たし、今年八月一〇日に法相として初入閣したのだった。入閣前には、法務副大臣を二回務めており、〝法務行政通〟を自認していたらしい。

ともあれ、私にとっては、葉梨法相の辞任などどうでもよかったのだが、一四年間も無給の人権擁護委員として〈法務行政〉に関わって来た関係から、法相辞任という一幕劇を「我が生き方」を考える機会にしたいと思ったのだった。

葉梨康弘氏は、「東大・法学部→省庁キャリア組」という道を歩んできたのだから、常に我が身が「フロントランナー（先駆者）」としてあることを意識し、将来の姿を仮想しながらそのためのノウハウと知識を、同僚職員の何倍も積み重ねてきたに違いない。しかしながら、「フロントランナー」であり続けることは、同時に「フロンティア（開拓者）」であり、「パイオニア（創始者）」でもあることを忘れていたようである。別言すれば、日々現場で起こっている痛みや苦しみ、困難や非力、絶望感や無力感等々を、我が身で直に感じることが不可欠だったはず。でも、それが完全に欠落したままの「エリート・キャリア組」だったと思うしかない。今は亡き中村哲さんとの、本質的な違いである。

《生き方考》その二九〇

「マインド・コントロール」と「その気になる」のこと

二〇二二・一二・二

今、国会では「悪質な寄付の勧誘を規制し、被害救済を図る新法案」の検討・審議を急いでいる。この法案の提出は、『世界統一家庭連合（旧統一教会）』への寄付行為が、信者の信仰心という抜け道を巧妙に利用した「マインド・コントロール」の結果したものとの判断によるものである。『世界統一家庭連合（旧統一教会）』が引き起こした所業の数々についてはここでは取り上げないが、一九六〇年代の「原理研究会」から続いてきたことだけに、罪科の根と怨念の絡み合いは尋常ではない。しかも、そのやり口は「マインド・コントロール」という心理手法なので、一筋縄にはいかない。政権与党は、「思想信条の自由」「私有財産権の保障」に関わる……と及び腰でいるが、内実は公明党（支持母体が創価学会）の在り様にも関わるので、手を拱いているのが実情のよう。

「マインド・コントロール」は、オーム真理教が引き起こした事件の時や、霊感商法での詐欺事件の時も世情に上ったが、事件の終焉（処罰や賠償）と共に、心理学上の課題ではあり続けても、世間からは忘れ去られて行った。それが、今回再々度、世情に上り、国会で取り上げられるまでになったのだった。それだけに、今回の「マインド・コントロール」の引き起こした問題は深刻であり、広がりと根深さの掘り起こしが問われている。

話は一転。私は教師の仕事を続ける中で、ずっと「その気になる」が極めて大事なことであり、必要不可欠なこととして、教師の仕事をしてきた。この「その気になる」を私が自覚し意識するようになったのは、三十代の半ばに四年生の教科書教材『ごんぎつね』（新美南吉作）の勉強会を仲間の教師十数名と始めたことによる。この時、一文一文を丁寧に読み、ごんや兵十の心情を解釈・理解していくのに「ごんになり切る」ことや、兵十や加助になって読んでいくことが極めて大事だと気付いたのだった。別の言い方をすると、幾ら語句の字義を調べ、相関関係を定かにし、更に時代背景を調べ、作者の生い立ちや生活信条を調べ尽くしていっても、肝心の「物語の登場人物」を比較の対象として冷静・冷淡に客観視し、他人事として読み進めたのでは、物語の面白さ（登場人物への共感）は掴み得ないと知ったのだった。

爾来、「その気になる」を教育の営みとして子どもたちと共有してきた。そうして、定年退職後には、沖縄・こども園の子どもたちと「音楽劇」で関わり続けてきたが、「マインド・コントロール」と「その気になる」の違いは、その後の子どもたちに「生命のリズム」が生まれるか否かであるとようやく思えてきた。「生命のリズム」とは、終生梶山正人さんが追い求めたものであり、鶴見和子さんが主張する「内発的発展」でもある。また、鶴見俊輔さんの「限界芸術」に通じるものでもある。子どもが「その気になる」ことが出来たら、その子はもう新しい自分に昇華したのである。

《生き方考》その二九一

根深い「優生思想」と「序列主義」

二〇二一・一二・二二

十二月一九日付の河北新報に「障害者結婚不妊処置条件　北海道の施設　出産の決定権侵害か」の見出しで、北海道江差町の社会福祉法人『あすなろ福祉会』が運営するグループホームで、「　知的障害があるカップルらが結婚や同棲を希望する場合、男性はパイプカット手術、女性は避妊リングを装着する不妊処置を二十年以上前から条件化し、一八日分かった。「同意を得た」としているが、障害者が拒否した場合は就労支援を打ち切り、退所を求めていた。」

との記事が載った。そして、他の面には次のような理事長の会見記事も掲載されていた。

質問　施設で就労支援などを受けている障害者が結婚や一緒に暮らすことを希望した場合、不妊処置を受けることを条件としているのか。

理事長　結婚などは反対しないが、ルールが一つある。男性はパイプカット、女性は避妊リングを装着してもらう。授かる命の保証は、われわれはしかねる。子どもに障害があったり、養育不全と言われたりした場合や、成長した子どもが『なぜ生まれたんだ』と言った時に、誰が責任を取るんだという話だ。

質問　応じなかった場合は、どうなるのか。

理事長「子どもが欲しい」と言った場合、うちのケアから外れてもらう。強制するわけではない。うちが関わる場合は一定のルールは守ってもらう。

質問　人手不足が理由なのか。

理事長　生まれた子どもを育てるために職員を雇っているのではない。われわれは障害のある当事者のケアはするが、生まれてきた子どものケアまでしなければならないのか。その法人の支援の幅でいいんじゃないか。

また翌日の新聞には、理事長会見の続きとして、

『あすなろの子だろ』といじめられる可能性がある。親がＰＴＡ活動とかできると思いますか。責任を果たせない。子どもが『親は選べない。誰が責任をとるの』となったら、どうするのか。起こり得ることを自分の知識の中で全部説明する。それで選択してくださいということ

の記事が載っていた。

この理事長さんの施設を運営する意図・願いは皆目分からないが、「旧優生保護法」の犯した

過ちや、神奈川・津久井やまゆり園での殺害事件、あるいは、学校の一方的で硬直した校則がどれだけ生徒を苦しめてきたかを、全く学んでいない。学んでいないだけでなく、〈自分の論理・感覚・生き方が一番!〉の思考法に何の疑いも持っていない。だからこの理事長は、「知的障害者は、知的能力や判断力・理解力・処理能力等が劣っている。」との発想から一歩も抜け出そうとしないのだった。

二〇二三・一・一三

《生き方考》その二九二
浅はかな我が思考

新型コロナウイルスが三年前から日本中に蔓延し、私の生活行動が様変わりした。定年退職後の「三無主義」(無理はしない・無駄なことはしない・無用なことをしない)は変わらないのだが、出て歩かない分、やたらと本を読むようになった。とは言っても、一冊あたり四十分から五十分が限度である。頁数にすると、二十頁~三十頁である。この数値を越えると、字面を目で追うだけで頭の中には全く入らなくなる。だから、私の読書量は一回当たり数十分で終了。と思っていたら、別の本を手にすると、その本でも同じことが起こることに気が着いた。つまり、小学校での時間割の如く、著者の違う本を四十五分毎に次々と読んでいくと、三時間で四冊位読めるのだった。こうして、石牟礼道子の『苦界浄土』に始まり、田中優子→上野千鶴子→石牟礼道子→鶴見俊輔→柳田國男→鶴見和子と読み進んだ。また、途中々々で、丸山眞男、吉本隆明、内田樹、白井聡、太田昌秀、武田砂鉄等にも目が行くのだった。

その流れの中で、私には「アメリカンドリーム」を生み出すプラグマティズムの思考法が、改めて気になりだした。斎藤喜博さんの「事実に基づく、事実の改変」とも言うべき実践事例の数々が、リアリズム流の「実践の学」よりも、プラグマティズムの思考法に近いのではないかと思えてきたのである。尤も、私の直感は、史実の丹念な掘り起こしによって構成される論理とは程遠いものである。「一斑を見て全豹をトす」つもりで、頓珍漢な妄想を起こしているのかもしれない。それでも、そう思うことで一歩でも先へ進むことが起こるなら、それも良しとする指向癖と思う他ない。

で、プラグマティズムを知る好書に、岩波新書から『ジョン・デューイ　――民主主義と教育の哲学』（上野正道著）という本が出たので、早速読んでみた。唯一分かったことは、「プラグマティズム＝デューイ」と単純に思っていたが、デューイは、プラグマティズムの思考法で教育の再編整理を目指したということだった。ただ、デューイの教育論は、二十世紀初頭のアメリカでは、最新の教育理論として先端学者（教育研究者）を席巻したのだった。しかも、その理論は、アメリカ教育使節団の教育指導として、敗戦後の日本に直輸入されたのだった。

例えば、算数・数学では「生活単元学習」という形で、授業内容が構成された。(※私の、大学での卒論テーマは「算数・数学教育の現代化への一考察」である。)遠山啓さんの言によれば、〝このために、日本の算数・数学の学力は、戦前に比して二年は遅れた〟ということだったが、当時の私の卒論への思考・姿勢は、アメリカ・プラグマティズムの広がりまでを視野に入れたものではなかったので、今回、遠山啓著作集を改めて読んでみた。すると、プラグマティズム云々のことでは無かったが、「子どもの権利」に関して、遠山啓さんは私と同じ発想をしていた。「遠山啓さんも、同じ発想をしていたのか」と一瞬思ったが、なんのことはない。私が遠山啓さんの発想・思考を学び、受容した結果だったと改めて知ったのである。

《生き方考》その二九三

「無給」と「有給」の違い

二〇二三・一・二二

東日本大震災に伴う福島・原発事故で、東京電力・旧経営陣三名の責任が問われた第二審判決が出た。結論は「無罪」である。控訴審の焦点は、津波発生の予見性をどう捉えるかであったが、高裁は「後知恵であり、一審判決には不合理な点がない」というものであった。つまり、〝様々の部署が存在する組織においては、それぞれの部署を具体的に把握しておくことは経営者として不可能事であり、国が予測した長期評価も、巨大津波襲来という現実的な可能性を認識させる情報ではなかった。〃とのことである。

この裁判は、第一審の東京地裁が無罪判決を出したことから、「業務上過失致死傷罪」で強制起訴されたものだった。何故強制起訴に至ったかというと、当時の東京電力経営陣の無責任さや無能力さが露わになり、事故の責任を求める世論が高じたことによる。しかも、一審判決で無罪になったことが、一層「責任論」を沸騰させたのだった。

朝日新聞の記事によると、判決の骨子は次の四点とか。

・国の地震予測「長期評価」は巨大津波の現実的な可能性を認識させる情報だとは認められない。
・原発の運転を停止する義務を課すほどの予見可能性はなかった。
・防波堤設置や浸水対策でも事故は回避できなかった。
・後知恵によるバイアスを排除し、当時の知見を前提にすれば、無罪とした一審は相当。

私は、嘗て関わった「浜田訴訟」の時とは違って、今回の裁判には一切関わっていなかった。市井の一市民として、マスコミ情報で時折成り行きを知る程度でしかなかった。だから、裁判上の駆け引きや落としどころ、焦点化への策略等は一切知らずにきた。でも、庶民の一人として直感的に感じることは、経営者（経営陣・管理職）に、「企業モラル」（社会参加による責任の意識）の著しい欠如が感じられたことである。別の言い方をすれば、労働の対価として賃金（給与）を得ているのだが、この時の「労働」には、社会活動への参加による責任が常に付随しているはず。ましてや経営者にとっては、「営利＝社会参加による責任」は極めて重要な経営哲学であろう。でも、被告台に立った彼氏らは、哲学するどころか勘も磨いていなかったのである。だから、平然と〝全てにわたって分かることはできない〟と嘯くのであった。彼氏らにとって給与の額は、保身のための「地位の保証」や「承認の証」でしかなかった。

では、無給ならば責任が無いのであろうか。民生委員や人権擁護委員は全くの無給である。ましてや、私の沖縄でのボランティア活動は、身銭を切った出費で活動している。それでも、やはり「社会的責任」は存在しているのである。

《生き方考》その二九四

為政者の恣意且つ私意の下での「三権分立」

二〇二三・一・二

学校で学ぶ「三権分立」は、司法権・立法権・行政権の三権が、お互いに対等且つ独立して機能することになっている。

しかし、時の政権政党が「政治」という形で社会状況を作り出している中では、三権の対等・独立が建前に流れてしまうのは否めない。それでも、時代の流れの中で、司法の意地と矜持が示されて〈新たな民主主義が生み出される〉きっかけを作り出してきた。しかしながら、今回の福島・原発事故での控訴審無罪判決は、現状追認のみの極めて保守的〈というより、極めて固守的〉な体質が表に出て来たものだろう。しかも、注意すべきは、もっと狡猾で強かな体質が、原発再稼働の動きに呼応していることである。

私は、手塚治虫の『鉄腕アトム』を愛読して育った世代である。別言すれば、「科学の未来」に期待し、不断の歩みを願う者である。だから、科学の歩みを全否定する言辞には馴染まないし、そういった姿勢には、一線を画することにしている。ただ、原子力発電の設置・稼働に関しては、全くいい加減な設置・稼働と断じる他は無い。私の耳目に触れただけでも、地元・女川原発では九百個所近くの配管ミスが稼働から二十年以上も経って見つかったり（設置時の点検・確認作業がいい加減で出鱈目だったし、その後も放ったらかしにしてきたことの証左！）、東日本大震災時の福島原発に至っては、制御棒のコントロールが効かなくなり炉心融漏を起こしたり、電源喪失で乗用車のバッテリーをかき集めて過ごしたり、汚染水を人力による雑巾で吸い取ったり等、何よりも事故対応時の現場職員不足を「臨時日雇い」でかき集めて床に雑魚寝させていたり等々、「科学の粋の結晶」とは決して言えない姿を露呈してきたのだった。これらは、穿った言い方をすれば、「科学の未来」を先取りするふりをして、経済の論理（資本の論理）を優先させて、国策にも似た状態で原発政策を進めて来た結果であり、事故が起きれば、「トカゲのしっぽ切り」の如く、一企業・一個人に責任を取らせる形で、推進政治家はその都度逃げのびて来た姿ではなかったろうか。

しかしながら、今回の控訴審無罪判決は、「何故、東京電力旧経営陣三名を無罪にしたのか」という疑問に行き着く。世論の動きを考慮して旧経営陣の経営責任を断罪すれば、一件落着するはずだったのだが……。やはりここには、戦後面々と続けて来た自民党政治の「アメリカ追従」の体裁を取りながら、「自前軍備力の獲得」と「核兵器の製造・所有」が見え隠れしてくる。だから、今回の無罪判決をバネにして、電力料金の値上げ、原発の再稼働と延長稼働、そして新増設へと進んでいくだろう。一見、旧経営陣の無罪判決と、原発の稼働は何の関連も無いように見える。でも、裁判所が、時の権力に都合のいいように動き出したとしたなら……。国民の監視と注視は、ますます求められている。

《生き方考》その二九五

教育の営みを軽視する風潮

二〇二三・一・二四

教育の営みを〈軽視する風潮〉と言ったらいいのか、〈固着した考えを変えようとしない〉と言ったらいいのか。

幾ら子どもが苦しみ、嫌がり、忌避しようとしていても、そのことを嘆きはしても、親・教師・研究者、そして何よりも教育行政に携わる者も、どの層も圧倒的多数の者が「子どもは被教育者であり、教え導かれる存在である」という考えから抜け出さない。そこには、〈子どもの人権〉を歯牙にもかけない思考、つまり「子ども自身に内在する学びの意欲や未知への探究心が、自身の成長・発達を生み出し、確かなものにしていく。そして、その時の喜びが、更なる成長・発達を生み出していく。」という発想は皆無である。

縁あって、遠山啓さんの本を読んでいたら、遠山啓著作集第二巻『教育の自由と統制』の中の「教育改革と民間教育運動」の所に、次のような文があった。

「　多数の科学者や芸術家が運動（※教育改革運動のこと）のなかに入ってくるためには、ある一つのことに気づいてもらうことが必要である。それは、教育と取り組むことが自分自身の創造活動と無縁な暇つぶしでなく、また、たんに与えるだけの恩恵的な行為でもなく、逆に創造的活動そのものを深め、更新していくための源泉であり、受け取り勘定になる行為であるという自覚である。こどもの教育に現れてくる初歩的な概念は、しばしば一つの科学の土台になるもっとも重要な概念でもある。（中略）一人の物理学者が自分の学問をよりいっそう深めたり、新しい問題をつかんだりすることは大いにあり得る。また、現代のもっとも新しい芸術家が幼児の絵から一つの啓示をうけとることもあり得る。このような経験をした学者や芸術家が教育のなかにはいりこんできたら、教育の孤島化は終わりを告げ、教育は文化的創造の土台となることが出来るだろう。」

この一文は、一九六三年に月刊誌『教育』（教育科学研究会編）に掲載されたものである。まだ、私は大学生にもなっていない頃のことである。しかし、『微光のなかの宇宙』（司馬遼太郎著・中央公論社刊）で、「八木一夫が、学校で学生に教えて創作上の内圧を下げていることほど愚劣なことはない」と言い切った司馬遼太郎の一文は、一九七六年に書かれたものだった。ここに教育の営みを軽視した有名作家の姿が垣間見られる。

話は変わるが、現岸田内閣は、「異次元の少子化対策」を掲げて国会に臨んでいる。しかし、保育士の待遇改善（給与の引き上げと保育人数の低減）を図らなければ、抜本改革は決して起こらないだろう。尤も、肝心の幼児保育の識者がそろって「質の向上」を叫ぶ時、幼児教育（成長・発達の保障と育ち）の典型例を示せなければ、不要な識者でしかない。

首相秘書官の忖度行為

《生き方考》その二九六

二〇二三・二・一〇

〝ついに表に露わになった〟と言うべきか、「上手の手から水が漏れる」行為をしてしまったと言うべきなのか。新井勝喜首相秘書官が、二月三日の夜、記者との「オフレコ取材」時に、岸田文雄首相の国会での同性婚答弁を巡り「隣に住むのも嫌だ」などと拒否反応丸出しの発言し、翌四日には更迭されたのだった。

世の一部には、〝「オフレコ」というルールを破ったら、記者との信頼関係が無くなってしまう〟と捉える人もいるようだが、法を犯すことのみならず、越えてはならない「社会人としての倫理・道義」を踏み外すことを得意げに言い放つなら、「オフレコ」以前のことであろう。「オフレコ」状態の中にも、信頼関係のみならず信義を通す姿勢が不可欠なのではないだろうか。「オフレコ」関係を崩したのは毎日新聞の記者だったらしいが、「守秘義務」と「真実の報道」とはジャーナリストとしての「生き方考」でもある。常に、〈ジャーナリスト魂〉を掛けて仕事にあたれば、自ずと取るべき道は見つかるはず。聴衆・読者は、この件を自分の「生き方考」の機会にすればいいだけである。

話は、秘書官の忖度行為に戻るが、二日前の国会で、西村智奈美立憲民主党・代表代行による同性婚の法制化の質問に対し、岸田首相は法制化に消極的な姿勢の表れとして「家族観や価値観、社会が変わってしまう」と答弁したのだった。そして、その二日後に新井勝喜秘書官が、性的少数者や同性婚に対して「隣に住んでいるのもちょっと嫌だ」「見るのも嫌だ」「秘書官室もみんな反対する」「同性婚を認めたら国を捨てる人が出て来る」等と記者団に言ったのだった。

このことが翌日の新聞に載ったことで、慌てて「隣に住んでいるとしたらどう思うか（という趣旨で発言したが）撤回する」「「見るのも嫌」と言ったと思っていない」「（秘書官全員もそういう）考えじゃないかなっていう、同世代だからっていう趣旨で言った」「反対の人が多いんじゃないかという趣旨で（発言した）。「この国は嫌だ」と思う人がいるんじゃないかと思って話した」（※朝日新聞記事より）と述べたらしいが、途端に世論は炎上し、岸田首相は慌てて「更迭」という非常手段で火消しに躍起になったが、後の祭りだった。

この後のいきさつは、国会で審議中なので、どういう形で決着していくのか不明だが、要は、首相秘書官の忖度行為が、内閣の政治姿勢を表に押し出し露わにしてしまったことである。そしてまた、八年も続いた安倍晋三内閣がもたらした「政治の私物化」が、権力に群がる連中に「対峙」から「忖度」へと姿勢の転換を作り出し、今も累々と表街道を闊歩していることを意味している。その体質を黙認してきた一人一人の「生き方考」を改めて起こすしかない。

二〇二三・三・一

《生き方考》その二九七

難聴女児の逸失利益は、労働者平均の八五％

　大阪市生野区で二〇一八年、聴覚支援学校に通う井出安優香さん（当時十一歳）が重機にはねられ死亡した事故をめぐり、大阪地裁は「将来様々な就労可能性があったが、労働能力を制限しうる程度の障害があったことは否定できない」として、逸失利益を労働者の平均賃金の「八五％が相当」として約三七七〇万円の支払いを命じた。逸失利益が「八五％」になったのは、「学年相応の教科書で学び、評定も平均的で学習に特に支障はなかった。勉学や他者と関わる意欲があり、両親による支援も十分で、将来様々な就労可能性があった。一方で安優香さんには感音性難聴があり、働く上で他者とのコミュニケーションが制限されうる」とのことだった（二八日付朝日新聞記事より）。

　この裁判官の判断は、二〇二一年に「七割」、二二年に「八割」との判決例に準じれば、「八五％」は世情では妥当なのかもしれない。しかしながら、裁判官の中に「障害者は、ハンディを持つ者＝生産性の低い者（無い者）」という発想・思考が感得される。もし、そうだとしたら「相模原事件（二〇一六年・障害者施設での殺傷事件）」からは、この裁判官は、何も学んでいないのではないだろうか。世情に渦巻く様々の判断を天秤にかけ、釣り合う地点、というより妥協点を示すのが裁判官の役割ではないはず。常に、新たな地平を切り開く切片を精一杯示していくのが司法の役割ではないだろうか。そうでなければ、行政（政治体制・権力者）に追随し司法からのお墨付きを与える役回りでしかなくなってしまう。

話は変わるが、昨年の東京パラリンピックで優勝した車椅子テニスプレーヤーの国枝慎吾さんが、この一月に現役引退表明をした。テニスの四大大会（全豪・全仏・ウインブルドン・全米）を悉く制覇し、世界ランキング一位のままでの引退だった。その国枝さんがテレビで〝目の悪い人が眼鏡をかけるように、私は足が悪いので、車椅子を使っているだけです〟の言葉に、〝そうなんだよなぁ〟とつくづく思わされた。弱い所や足りない所は、上手く補ったりカバーしていけばいいだけの話なのである。時には、他人の協力・補佐があったりしてもいいのであろう。

また話は変わるが、先日のNHKで「ロボット・カフェ」を特集していた。東京・日本橋にオープンした店舗で、コーヒーを入れるのもロボット、接客し応対するのもロボットである。尤も、注文の受け答えは人型ロボットであるが、遠隔操作によって遠く離れた操作者（パイロット）が応対し、パソコンからの遠隔操作でバリスタのロボットに指示を出したり、搬送を指示したりしているのだった。しかも、この遠隔操作をするパイロットは、ベッドに寝たままの難病ＡＳＬ（筋委縮性側索硬化症）の女性だった。同様の女性は、福岡・山形・北海道・オーストラリアからも有給のパイロット役として勤めているという。四十年以上前に提言し続けた遠山啓さんの

「序列主義・競争原理」への闘いがやっと花開いてきた。

《生き方考》その二九八

これからの子ども観に「子どもの人権」が必須課題

二〇二三・三・一四

遊びをせんとや生まれけむ　戯れせんとや生まれけん
遊ぶ子どもの声聞けば　我が身さえこそ揺るがるれ

―梁塵秘抄―

『梁塵秘抄』は、十一世紀後半から二百年近く歌い継がれてきた歌謡（今様）を後白河院が編纂したものである。『梁塵秘抄』中のこの歌が、歌い継がれてきたということは、当時の人々にとって「なるほど、そうだよなあ」という感想・感慨を思い起こさせてきたに違いない。つまり「子どもは、遊び・戯れることが日常の姿」と、誰もが了解し合っていたのだろう。

更にまた、『老いを愛づる　生命誌からのメッセージ』（中村桂子著　中公新書ラクレ）を読んでいたら、『日本奥地紀行』（イザベラ・バード著　平凡社東洋文庫）での一文から、次のように子育ての苦労と楽しさを引用していた。

「　私は、これほど自分の子どもをかわいがる人々を見たことがない。子どもを抱いたり、背負ったり、歩くときには手をとり、子どもの遊戯をじっと見ていたり、参加したり、いつも新しい玩具をくれてやり、遠足や祭りに連れて行き、子どもがいないといつもつまらなそうである。」

これは明治初期の日光での様子だが、「勝れる寶子にしかめやも」（山上憶良歌）での万葉の時代に通じるものでもある。

翻って、戦後の民間教育運動を数学教育の立場（水道方式・量の理論・一貫カリキュラム等）から牽引し続けた遠山啓さんは、「好奇心の強さ・弱さが子どもとおとなとの違いではあるまいか」として、ものをこわす、けんかをする、悪口を言う等々での子どものいたずらや腕白ぶりを、どれもこれも好奇心のなせる業として、〈子どもほど面白い生きものはない〉と子どもの本然的好奇心を全面的に支持している。そして、「学び遊び（遊び学び）」という複合動詞まで主唱したのだった。遠山啓さんは、〈「学び」とは、決して苦痛・我慢が結果するものではない〉と断言し言い続けて来た。

また、〈子どもは自然〉と言い続けている養老猛司さんは、「子どもは、なんにも持っていない。知識もない。経験もない。お金もない、力もない、体力もない、何もない。それでは子どもがもっている財産とは何か。それこそが、いっさい何も決まっていない未来、漠然とした未来です。その子にとって未来がよくなるか悪くなるか、それは分かりません。ともかく彼らがもっているのは、何も決まっていないという、まさにそのことです。……だから、予定を決めれば決めるほど、子どもの財産である未来は確実に減ってしまうのです。」（『ものがわかるということ』養老猛司著　祥伝社刊）と言う。まさに、子どもの未来には「こどもの人権」の在り様が必須課題として横たわっているのである。

二〇二三・四・一〇

《生き方考》その二九九

「ナンバ」から「カニ股」へ

私の勉強課題は、「日本人の身体行動」である。この課題を意識し出したのは三〇代半ばであるが、『定本・武智歌舞伎』（武智鉄二全集　三一書房刊）の本読み会を通して、「ナンバ」の動きの解明とそれを基底にした舞踊・武術・演劇・歌唱等での表現の在り様が具体的な追究課題になった。とは言え、世の研究者のように〈本格的な実証且つ追究・解明の歩み〉とは程遠く、気が向いたり、関心事が生じた時に拘ってみるといった〈いい加減で気楽な旅〉様だったので、七六歳の後期高齢者になった現在でも、まだまだ「日本人の身体行動」という大テーマの入り口が見えた程度である。ま、現在の延長であの世に行っても、「亡者と地獄の鬼は、ナンバで動くのか？」と続いていくだけである。

ともあれ、日本人の不格好な姿と見られてきた「がに股」に、ようやく私の関心が向いてきた。「がに股」とは、〈腰が落ちて、両足がO脚状に広がった形〉である。西欧流の〈背筋や足をすらりと延ばして、上に伸び上がるような形〉とは対極的な姿である。この姿形は、学校体育で事ある毎に拒否され否定されてきた。尤も、「O脚」と「がに股」は姿形は似ていても、本質的に違っている。「O脚」は足の骨の発育異常に起因するが、「がに股」は生活行動・生活習慣に起因するからである。もっと言えば、「がに股」は、重い物を持ったり、担いだり、背負ったり、抱えたり、頭に載せて運んだり等での、移動に伴う生産労働が日常化する中で、身に着いた腰や足の姿形である。だから、江戸時代までは八割が農民だった（『百姓の力』渡辺尚志著・角川ソフィア文庫）日本では、「がに股」は生活姿形だった。また、一割強の武士にしても、「ナンバ」での身の捌きが基本の姿だったから、自ずと「がに股」に馴染んでいたはず。そして何よりも日本は、古代からの「たたみ文化（地面と密着した生活）」が日本人の行動様式を作り出してきた。

「がに股」は、「カニ股」が訛ったものと知ったのは最近である。「カニ股」とは〈蟹様の足つき・足構えで移動すること〉を言う。沖縄・八重山地方での「雑踊り」は、「カニ股」で踊ることを『琉球舞踊への誘い　うた・おどり・沖縄』（沖縄文化振興会作成のビデオテープ）を観て知っていた。でも今回、NHKBSで『GIGAKU　踊れシルクロード』を観て、「カニ股」は、インド・カンボジア・タイ・インドネシア・ベトナム・中国南西部そして八重山へと続く「海のシルクロード」地帯での交易文化・交流文化の中で、それぞれに変化しながらも、ずっとつながり合った姿体・姿形であると知ったのだった。沖縄を含む日本列島は、太古の昔より、南方系・朝鮮系・北方系と、それぞれの人々の交雑・交流がなされて来た。その交雑・交流の中で縄文文化があり、弥生文化や大和の統一文化を経て、現在の日本に続いている。「海のシルクロード」という視点から、改めて八重山・沖縄を観ていきたいと思うのだった。

二〇二三・六・九

《生き方考》その三〇〇

「学校づくりボランティア」への再挑戦

二年越しの交渉がようやく稔って、私の地元である石巻・蛇田中学校の特別支援学級の子どもたちを相手に、数学の授業を週に二時間（もう一時間は、数学の担当教師が授業）行うことになった。尤も特別支援学級（わかくさ学級―知的障害、あすなろ学級―情緒障害Ⅰ、くすのき学級―情緒障害Ⅱ）の十五名のうち、三名が私の授業対象生徒である。数学担当の教師と話し合った結果、当面「知的障害の子どもたち三名の、数学の授業を行う」となった次第。いずれは、半数のこどもたちと数学の授業を……との心づもりでいるが、私にとっては、三名でも中学生の子どもたちと関われるのは嬉しい限りである。

というのも、私の立場・身分は、給与が行政から支給される指導教員でも、支援員や相談員というものでもなく、全くの手弁当でのボランティアだからである。私にすれば、子どもたちと「授業」という形で関わると、我が身の不足や固着した考えが絶えず問い直される。だから、授業を進める形でそれに応えようとすると、我が身の学び直しが不断に求められてくるのだった。でも、その「我が身の学び直し」が爽やかさと充実を結果してくる。真に「教えることは、学ぶこと」なのである。

ところが、大半の現職教師にはこれが通じない。百人中九十九人には〝今の時代、無償で授業をさせてくれとは、何か他意があってのことに違いない〟と邪推され、警戒されるのだった。定年退職後に、何人かの元校長と始めた『学校づくりボランティアの会』は、〈校長さんの学校づくりを応援しよう〉という企図だったが、二回、三回と通うと、先生方との研修の場から肝心の校長さんが居なくなるのだった。どの校長さんも、教師を育てる仕事は、「校務をつかさどり、所属職員を監督する」の範疇には無いと頑なに思い込んでいるのだった。結果、『学校づくりボランティアの会』は、結局校長さん方から拒否され三年で潰え去った。それ以来、私は学校と無縁になった。

今回、私が「中学校と数学の授業で関わってみたい」と思った理由は、二つある。

その一つは、学生時代から遠山啓さんが主唱する数学教育（原数学）に傾注するも、三十代前半で別の道を歩み始めたために、何時の日にか「中学生相手に数学を教えてみたい」と思い続けてきたことだった。一時は、松本・桐分校でやれるかも……と思ったりもしたが（※拙著『生き方考』その一六）、現状の教育体制では無理だと知ったのだった。

その二つは、親の学校不信（特に障害を持った子どもの親の学校不信）に接したことだった。親の要求・疑問は至極真っ当な事でも、学校側の一途なまでに凝り固まった思考に一蹴され続けたきた親のなんと多いことか。残念ながら、親の願いに同調出来ても、学校との関わりを持たない私には、親に希望や勇気を示すことが出来なかった。それで、学校内部に入り、内側から親との繋がりを見出すことにした。今、学校が本気で変わらなければ、不登校や学校嫌いは更に増え続けるだろうし、やがては学校組織がメルトダウンを起こして、自壊・自融していくだろう。

II

「音楽劇」に取り組む出発点と現在の地点

私が「音楽劇」を〈本格的に学ぶ必要がある〉と心に決めたのは、宮城教育大学附属小学校から石巻・山下小学校に転出した三二歳の時である。宮城教育大学附属小学校での四年間は、「表現活動（身体表現活動）には、子どもを丸ごと変えてしまう力がある」と知り、それは一体何なのか、あるいは何故なのかを知りたくて、夢中で『火い火いたもれ』（武田英子原作　梶山正人脚色・作曲）、『手ぶくろを買いに』（新美南吉原作　授業と表現の会脚色　梶山正人作曲）、『かさじぞう』（瀬田貞二再話　授業と表現の会脚色　梶山正人作曲）に取り組んできた。

折しも、宮城教育附属小学校には「白ワクの時間」があり、週に三時間ほど自由裁量の形で「白ワクの時間」が教育課程に位置づけられていた。それで、私は「白ワクの時間＝表現科」と捉えて、子どもたちと「音楽劇」（※当時は、オペレッタと言っていた）に取り組んだのだった。

その時の四年間は、無我夢中での取り組みであり、ひたすら〈今日よりも明日。明日よりも明後日。明後日よりも来週。……〉と前しか見なかった日々だったが、いざ転任となった時、私の中に「表現活動（身体表現活動）」に対しての、基礎・基本となるべき土台が何もなかったことに気づいたのである。それで、〝「表現活動」の中身を、一から学び直さねば……〟と、仲間の教師に呼びかけたのだった。

教育活動の中で、「表現活動（身体表現活動）」の重要性に私が気付いたのは、斎藤喜博さんに音楽劇『火い火いたもれ』の手入れをしてもらったことによる。でも、当時の私は、全てが初体験の連続であり、子どもを新たな世界に追い込むどころか、私自身が追い込まれ続け、必死にもがきながらも「前に進むには、前に進むには、……」と、ひたすら手探りを続ける日々だった。それが、四年経って転任となった時、ようやく自分を見直すことが出来たのだった。

最初の『斎藤喜博先生による音楽劇『火い火いたもれ』への〝手入れ〟指導』の一文は、初めて音楽劇『火い火いたもれ』に取り組み、同じ棟にあった授業分析センターの教室で斎藤喜博さんに手入れをしてもらった時の記録である。私が子どもたちと取り組んできたことの数々が、次々と否定され変えられていったその時は、子どもだけでなく私自身が変えられていったことに全く気付かなかった。

二つ目の『オペレッタを指導して学んだこと』の文は、宮城教育大学附属小学校での「音楽劇」に取り組んだ四年間の総括文である。現在の沖縄・あおぞらこども園で取り組んでいる「音楽劇」に繋がることが、当時の私に既に芽生えていたのだろう。でも、それがどんな内実・内容を意味するのかは、まだ全く気付いていていない。だから、その後の四十年が私の「音楽劇」への学びになる。

この二つの文は、私の「音楽劇」取り組みへの出発文であり、選手宣誓の文でもある。また、その後の三篇は、現在取り組んでいる沖縄・あおぞらこども園での姿である。現時点での実践の姿は、至らぬことだらけの生の姿であるが、未来を担う若い教師の方々へのエールになれば幸いである。

音楽劇『火い火いたもれ』への〝手入れ〟指導

斎藤喜博先生による

・期　日　一九七六年二月二八日（土）二校時
・場　所　宮城教育大学・授業分析センター
・対象学級　宮城教育大学附属小学校三年三組
・担当教師　田中憲夫（学級担任）、梶山正人（音楽専科）

※　この指導は、宮城教育大学・横須賀薫先生の「教授学演習」における集中講義の一環としておこなわれ、五十名近くの学生が参観していた。

田中　じゃ、最初からやりますから、広がって下さい。

※こうして、梶山さんのピアノ伴奏で、開幕の歌からチセとムササビの科白へと進んだが、斎藤先生からストップがかかり、最初からその都度〝手入れ〟していくことになった。

斎藤　この後、何分位かかりますか。

田中　三十分位…。

斎　藤　それじゃ、少しずつやっていきますか。でないと、時間がないようですね。始めっからやって下さい。

※田中、子どもたちに始めの隊形になるよう指示する。

斎　藤　（参観学生に向かって）皆さん、疲れちゃいますから、椅子もってきて、かけて下さい。

田　中　あの、ここの出のところ、流しちゃってますけど、重くなっていますね。取ったらどうですか。

斎　藤　じゃ、歌から入ります。

※子どもたち、開幕の歌から始める。

斎　藤　そこのところね、「や」だから、四分音符だからね、一拍にして。みな、延ばしちゃってる。で、もうちょっと、弾んで歌いますよ。

※子どもたちの歌に、パンパンと早い手拍子を打ち、リズムをつかませる。また、「や」では、〝はい、休む！〟や、〝はい、引いて〟の声をかけ、動作でリズムの繋がりを示す。

子どもたち　「開幕の歌」二番を歌う。

斎　藤　「山のくらがり」の「やま」で弾んだから、今度は、内緒話のように、丁寧に出して下さい。今まで弾んできたからね。千も万もの重いものを持ってながら、大事に出すようにね。だから、こっち（※下）から音を出すようにして。

斎藤　※この後、子どもたちの歌に、身体の動きでリズムを指示する。
この位で歌うと、向こうにずっと通るしね。弾みと内容が出てきますからね。始めは、一本調子だったから。休まないと…。あそこ（※一番と二番に変化がなかったこと）が、一番の致命傷になっていたわけですね。今の、声もいいですね。リズムが出てきた。それから、ここ（※後奏で、ウォークステップでの隊形移動する部分）、伴奏がつきますけど、長すぎますね。時間がかかりすぎる。飽き飽きする。曲をもう少し短くすると…。

梶山　半分にすればいい？

斎藤　ちょっと、長すぎますね。

田中　あの、実は、この三倍位の長さで、ゆっくり歩いていたんですけど…。

斎藤　それは、もう、どうでもなる。あれだけ待っていると、ちょっと退屈になる。何回弾きました？

梶山　二回弾きました。

斎藤　一回で、出来ませんか？

梶山　出来ます。
※後奏を一回にすると、子どもたちは、自分の場所にいくのにモタモタと遅れてしまう。それを見て、〝後ろに行って下さい〞、〝腰をいれて下さい〞、〝なるべく、下を見ないで

進んで下さい〃、〃他人のいない所にいって下さい〃、〃きれいに歩いて下さい〃等と、子どもたちに声をかける。

斎藤　うん、このぐらいだといいでしょう。しまいはだんだん柔らかく、小さい動きにさせるといいですね。今までは、全部同じだったから。そこにリズムをつくって、始めはずうっと大きく、しまいは収まるように…。後は、練習すればいいですから。次、行って下さい。

チセ　エエン　エン　エン

斎藤　あ、そこね。今、ここにしゃがんでいてから、立ったね。大変よかった。さっき、ここに立ったままでいた。そうだと、観客から見えませんからね。しゃがませるか、この子のように、でちゃってからしゃがむとか。いつも、そういうふうにして、次のが見える仕掛けにして下さい。

※背景の姿の子どもたちにも、〃みんなでしゃがまない〃、〃こっちに立ったり、こっちに向いたりして、お客さんに見えるようにして下さい〃と声をかける。

チセ　エーン

斎藤　今のだと、大変上手いんだけどね。今度は、体育館に行くと、何百人と人がいるんだから、泣いているのは、ここの皆さんに聞いてもらうんでなく、向こうに聞かせるわけ。だから、むしろ、「エーン」（※伸ばす）と、楽にやった方かいいよ。

チセ　エーン　エンエン

斎藤　大きな声でなくとも大丈夫。今、この人、賢くやったね。こっちのほうから、「エーン　エーン」て行くわけね。体つかわないと、駄目です。もう一回やって下さい。さっきの、ずっといいからね。

チセ　エーン　エンエン　…

斎藤　そう。これだと、大分聞こえる。で、この「エーン　エン　エン」の時、こっちへ来たり、またこっちへ来たりして、動作を工夫していかないと。それ、やってごらん。

※実際に、「エーン」と泣きながら動き、次の「エーン」で、また違う所に動いてみせる。

チセ　エーン　エンエン

斎藤　そうだ。もっと、大きくてもいいよ。そう、それを、もっと大きくする。そして、今度は、こっちのムササビは、「エーン」と聞いたら、ぼんやり立っていては駄目。だから、あなた（※ムササビ）は、難しいよ。皆さんは、ただここで、人形さんじゃないんだから。向こうで「エーン」ったら、「なんだろな?」と思わなきゃ。で、向こうの人（※チセ）がこっちへ行ったら、こっちの人（※ムササビ）が「なんだろな?」って、考えなきゃ。みんなが、一緒に。これが対応になります。そういうところが、大変大切になりますからね。さあ、今度は、こっちの人（※背景の子どもたち）も、ぼんやり出来ないよ。

チセ　エーン　エンエン　……

斎藤　大変上手いね。

ムササビ　おや、チセちゃんが泣いてるぞ。

斎藤　そういう時ね、「おや?」って、たまげないとね。あなたは、どういう風にたまげるの?。たまげ方にも、いろいろあるね。「おや、泥棒がきたな」とか、「おや、雪が降ってきたな」とか、「おや、梅の花が咲き出したぞ」とかね。どういう「おや?」だか、考えないとね。そして、「おや?」って言う時、こっちの人（※チセ）を見てるんだから、「おや?」って言ったら、少し間をおいて、その中身を入れる。「おやチセちゃんが泣いてるぞ（※続けて一気に言う）」って続けてやったら、中身がないわけね。

ムサ　おや、チセちゃんが泣いてるぞ（※動いて、間をとる）。どうしたんだい、なぜ泣くの?

斎藤　うん、それでいいですよ。で、その時ね、今の出てくる時にも、一直線に行ってしまわないで、「おや?」、「どうしたんだい」（※動いて言うを、やってみせる）ってやる。一つにならないように。同じになっちゃ駄目。「どうしたんだい」って言ったら、あなた（※チセ）も、少し下がるとか、横へでるとか。二人の間合いを、いつもとらせる。何時でも、間合いが大事です。何時でも、相手との呼吸ですから。

ムサ　おや?

斎藤　「おや？」って言ったら、出てくるといい（※チセへ）。ムササビは、出てきたら、〝あれっ、出てきたな〟って、目がこっち（※チセに）へ移るわけ。「おや？」でチセちゃんを見る。見たら、動いて「チセちゃんが泣いてるぞ」って。

ムサ　おや、チセちゃんが泣いてるぞ。

チセ　ムサちゃん。（※〝うん、少し下がってもいいよ〟と声をかける）大変なの。火が消えたの。いろりの火がとぼれちゃったの。

斎藤　そこも、少し、間をあけて下さい。休んで下さい。その時にもね、ここだけに言っていると聞こえないから、いつでも向こうへ、意識してもっていって下さい。それを、聞こえるようにやって下さい。

チセ　火が消えたの。いろりの火がとぼれちゃったの。

斎藤　だからね、今、足を小さく動かしたから、「火が消えたの」って言ったら下がって、それから「いろりの火が…」って言うとかね。間、間、少しゆっくりやって下さい。

チセ　火が消えたの。いろりの火がとぼれちゃったの。困ったよう。エーン…

ムサ　こりゃ一大事。火が消えたなんて。

チセ　暗いよう。こわいよう。困ったよう。

斎藤　だからね、ここは後で練習して下さい。「こりゃ一大事」って、ここに立っていると、動きがなくなるから。そうではなく、こっち来て「こりゃ一大事」って。いつでも、動作をさせていく。（※チセ、自分で動いてみる）そう、そう。動いてから。落ち着いて言っていいよ。

ムサ　こりゃ一大事。火が消えたなんて。

チセ　暗いよう。こわいよう。困ったよう。

※チセとムサは、間合いをとりながら、動いて言う。

斎藤　そう、そう。

ムサ　でもよ。チセちゃんのおっ母さんは、いつでも上手に火を守っている人だのに、一体どうして火を絶やしてしまったんだろう。

チセ　お母は、病気よ。朝早く、お父につれられて、ふもとのお医者さまに行ったの。だから、留守の火の番は、チセの役。気をつけてねってお母は言ったのに。だのに…

斎藤　「だのに」の時は、少し動いてね。必ず、こういうふうに少し動いて。それから改めて、「だのに」と言う。続けて言ってると、息が続かなくなるからね。

チセ　だのに。遊びに歩いて、帰ってきてみたら、いろりの火は消えて、冷たくなっていたの。エーン、エーン…

語り手　むかし、むかしのことだから、村里…

斎藤　ちょっと待って下さい。その語り手は、大変よく声も通るから…。もう少し、ゆっくりやって下さい。早口過ぎる。

語り手　むかし、むかしのことだから…（※今度は、テンポを遅くして言う）
斎　藤　そうだ。で、それもね、客席のこっちへ言って下さい。
語り手　むかし、むかしのことだから
斎　藤　もう一回言って下さい。「むかし、むかしのことだった」ってたっぷりと。
語り手　むかし、むかしのことだから。村里はなれた一軒家だから。なによりも…
斎　藤　「なによりも」で、休んで下さい。一、二ぐらい休んで。
語り手　なによりも、火を消してしまったらおおごとだ。火ってものは、ちょっこりちょっと、着けたり消したり、簡単にはいかないものだった
斎　藤　そこで、息吸って。
語り手　夜のあかりも、ごはんづくりの火も。何もかも、いろりの火は大切な火のたね、火のもとだ。ばばさから受け継いだ火を守って、お母は、年中上手に火だねを絶やさずにきた。
斎　藤　はい、急いじゃったよ。
語り手　女の人の、一番の役目だった。
斎　藤　はい、それでいいですよ。この語りを、もうちょっとゆっくりやって、一つの区切りで、息を吸ってからもっていくように。あと、練習して下さい。本質、つかめてきたから。いつでも、体つかって。一・二ぐらいの間とって。対象をこちらの客席へ、客席へ

て下さい。

チセ　と語らせる。特に、語りですからね。語り自体が、一つのリズムを持っているようにし

斎藤　だのに、どうしよう。火を消しちゃって。お母が困るもの、チセも困るもの。

そこの所もね。「だのにどうしよう」って、ただズルズル言ってたんじゃ、感情がないわけよ。だから、「だのに」といったら動いて、「どうしよう」。そして、「火を消しちゃって」といったらまた動いて、「おかんが困るもの」（※子どもたちが笑う）って。あ、「おかんーおかあ」のことね。眼鏡がないのでよく見えないけど、間違ってもごめんね。今、初めて見るんだから。「お母が困るもの」って。そして、間をおいて、「チセも困るもの」って。全然声を変えて、気持ちを変えるようにして言って下さい。

チセ　だのに。どうしよう。お母が困るもの。チセも困るもの。

斎藤　うん。とってもいいいんじゃないの。これだといいですね。そういう風にやるといいですね。（子どもたちから、チセに拍手が起こる）先生の私より、とっても上手いね。生徒の方が、想像力が豊かだからね。

チセ　チセも困るもの。

ムサ　よし、どこかへさがしに行こう。

斎藤　そこで、二人がぶつかりっこしてしまうとね…。二人の間が狭いと、貧相に見えるの。いつでも、こっちがそばへ寄ったら、かた一方は離れる。いつでも、くっつきそうにな

ると喧嘩になるからね、間をおいて下さい。

ムサ　よし、どこかへさがしに行こう。

チセ　どこへいくの？

ムサ　山のどこかで、見つけてこよう。見つけて、その火を分けてもらおう。泣くな、チセちゃん。おれが一緒にさがしてやるよ。おれの背中に乗りなよ…

斎藤　うん、そこんとこも、もう少し上手く出来ないかな。「泣くなチセちゃん、おれが一緒にさがしてやるよ」ってやると、本読んでるだけになるからね。もう少し、チセちゃんに話しかけて。（※ムササビ、工夫して言う）そうだ。チセちゃんに話しかけてやるといい。みんなも、教えてやるといいね。みんなして、やるんだから。

ムサ　山のどこかで、見つけてこよう。見つけて、その火を分けてもらおう。チセちゃん泣くな。（※〝うん、いいね〟、〝ああ、いいね〟と、声をかける）おれが一緒に探してやるよ。おれの背中にのりなよ。空中を飛んでいくから。

チセ　なんだか、こわい。大丈夫なの？

ムサ　おれの耳の後ろに、毛のふさがあるだろう。その長いのを、しっかりにぎっておいで。

チセとムサの二重唱

※歌の始めに、背景の子どもたちに、〝歌い出しに合わせて、体を動かして下さい〟、〝二人を、見てて下さい〟と声をかける。また、チセとムサの二人には、〝もっと大きく動

いて…〃と指示する。

斎藤　こんなして、二人やみんなを動かして下さい。そうすると、変化が出るし、子どもたちも疲れない。何人かの間、間を動いてもいい。舞踊的に動いて…。あと、細かいところは、後で直して下さい。次は、何でしたっけ？

※子どもたち、曲に乗って、歩きながら隊形を変える。

斎藤　あ、今のと同じですか。

田中　曲は同じですけど、この曲で歩いて、隊形を変えるんです。

斎藤　じゃ、ここは、あそこでパッと切っちゃったらいいんじゃないですか。やっぱり、だらだらしますよ。だから、ここんとこで、いる位置をパッと変える。で、すぐに次にいく。パッと変えて、変化つけたらいいんじゃないですか。歩いたり、退場したりしていると、ここはデレデレとなりますからね。もう、ずうっといったんだから、場が一転する。ここでもって、サーッと皆さんの隊形が変わってしまう。きれいに隊形を変える。そういう変化がいいですね。

田中　じゃ、歩くのを抜かします。

※担任の指示に、子どもたちはあんなに練習してきたのにと、「エーッ」と不満の声を上げる。

斎藤　じゃ、やってごらん。どういうふうにやるか、やってみて下さい。

斎藤　※子どもたち、曲に合わせて移動する。
退屈しますね。退屈しますよ。やめた方がいいんじゃないですか。それよりはね、誰か今度は…。曲をね、非常に高揚するような曲はないですか。それを弾いて、背景の子どもたちが、サーッと移動して。背景の子どもたち全部で、上の方でもパーッと見る。そうでないと、のらないでしょう。飽きてしまう。せっかくあそこまで盛り上がったのに、帳消しになってしまう。そういうところを工夫して下さい。ポーズも、ゆったりしてたんだから。今度は、こういうようなポーズ（※胸を広げ、上に向かったポーズをとる）とかして、全体に高揚しないと、一転しない。何か、いい曲ないですか?。展開していくための曲が…。後で見つけるといいんじゃないですか。

田中　山鳥が出てくる所から、やります。場所を移って、皆さんは、草になって下さい。

斎藤　はい、それぞれ、今いた所と違う所に行って下さい。（※子どもたち、動き出す）まだまだ、そこにいますよ。ピアノがなってからですよ。そこにいますよ。今までの所にいますよ。それで、ピアノ、何でもいいから弾いて下さい。そしたら、自分は、今までいた所と違う所にいって、ポーズをとって下さい。
※梶山、「山鳥の火」の曲を弾く。子どもたちの移動の様子を見て、〝はい、いきますよ〟、〝動いて!〟、違う所に移って!〟、〝早く移動して下さい〟等と、声をかける。

斎藤　こっちの方がいいでしょうね。さっきは、おとなしいポーズをしたから、今度は強そうなポーズをして下さい。〝さあ、空を飛んでいくぞ。火がとれるかなぁ〟ってポーズして下さい。（※子どもたち、自分のポーズを作る）あなたは、大丈夫かな？疲れないかな、そのポーズ。疲れないと、そのポーズきれいなんだけど。疲れないかな？さあ、それぞれ、ポーズとってみて。自分はこういうのやろうって。今度は少し、パーッと胸を開いてね、カーッと自分の気持ちが開いたようなポーズ。立ってる人がいてもいいよ。みんな、しゃがんでしまわなくて。そうだ、（※立ってポーズをとっていた子をみつけて）この人のようにカーッとね。

※子どもたちのポーズに、一つ一つ強調した姿を示していった。また、〝あんた、今のいいじゃない〟、〝これじゃ、おかしいね〟と、声をかけながら、子どもたちのポーズに注文をつけていった。

あそこに、あったね。ロダンかなんかの彫刻に。はい、めいめい作ってみて下さい。その時、ポーズを指導してやると、いいんです。このポーズには、中身が何もない。表現が何もない。

子ども　立って、見ている人です。

斎　藤　あ、見ている人？（※笑い）。見ている人だって、何か作れるはず…。はい、写真を撮りますから、ポーズを作って下さい。あんた、立ってごらん。立って、大きく。手を広げて。両手は、右・左変えてみて…。こういう所（※肘や手首の曲がる所を示す）なんかに、気持ちを出して下さい。こういう所（※肘や膝、手首や足首、肩など曲がる所や角になる所を張って示す）に、みんな気持ちを出して下さい。うん、この人、いいね。ここは、三人で固まり作ってる。そういう手も、あるね。他人の所にいって、こう（※低い姿勢になった、下から見上げるポーズを示す）見上げても…。今のポーズ、まだちょっと出来ていませんので、後で作って下さい。それから、動く時の曲よかったから、あれでいいんじゃないですか。で、次なんですか？

山鳥隊　山鳥の動きをステップで表現する。

斎　藤　うまいね。今、両方（※山鳥のステップと背景のポーズ）が一つになったね。大変きれいだ。ああいうふうにきっちりした方がいい。

チ　セ　あ、ムサちゃん。尾根に光りものが。

ム　サ　たびびとのちょうちんだぞ、きっと。

チ　セ　でも、はやいよ。とぶように動くわ。

ム　サ　はて、あやしい火だ。

斎　藤　（※チセとムサの二人に）もうちょっと、こっちの方へ出てこないと、舞台が狭くなってしまう。こういう間（※背景の木々の間）も、通ってきたって構わないんだよ。

ム　サ　よし、あの火を追いかけてみよう。

語り手　（※語り手、舞台中央前に出てくる）黒々と続く尾根を越えて、今うっすらとさしはじめた月あかりに、その光りものは、ぱぁっと明るくとび去っていく。ムササビは、光りものを追って、ぐうんと地面に降り、草むらへ入りこんだ。

山　鳥　ケケーン　キーン　「山鳥の歌」独唱

斎　藤　ちょっと待って下さい。「ケケーン、キーン」の前に。語りの人は、マイク使わないと無理じゃないですか。大丈夫ですか?。マイク使って、台本を見て、朗読するぐらいにした方がいいんじゃないですか?。どうですか、通りますか?

田　中　通ると思ったんですけど…。（※子どもたち、語り手の子に応援する）

斎　藤　いや、今の上手だけどさ。やっぱり、ここへ出たいの?。あなた、舞台へ出たいわけ?

語り手の子　どっちでもいい。

斎　藤　あの、舞台の袖の方へ行って、これを朗読すると。語りの声だけを出すのも、一つの案ですからね。それから、「ケケーン」という時、こっちの人（※背景の木々の子どもたち）が、「ケケーン」と言うのはどうなんですか?。変化つけたいし、この人（※山鳥）が出ずらいわけね。「ケケーン」と、こっちの子がいったら、ピアノかなんかで、パパーンとやってやる。そしたら、その後出てくるってしてみたらどうですか?。それ、ちょっとやってみて下さい。こっちの皆さん（※背景の子どもたち）は、きれいな声で言って下さい。

梶山　子どもたち、全員でですか？

田中　全員でやってみます。

※梶山、ピアノで「タンタンタン」と合図する。でも、子どもたちは、バラバラに「ケケーン」となる。すると、子どもたちから、〝言いづらいよ〟、〝二・三人でやれば？〟の声が出る。

斎藤　そういう手もあるね。ピアノをならさないで、二・三人で「ケケーン」とやったら、全員で「キーン」と言うてもあるね。みんな演出者で、すごいね。（※笑い）

※田中、一人の男の子を指名する。子どもたちから歓声が上がる。

語り手　草むらへ入りこんだ。

木の子　ケケーン

背景の木々　キーン

山　鳥　こ、こ、こ…（※山鳥、ピアノとのタイミングがとれず、躓く）

語り手　草むらへ入りこんだ。

木の子　ケケーン

背景の木々　キーン

山　鳥　山鳥の独唱

斎　藤　ちょっと待って下さい。あなたね、とても歌もいいから。同じ所でやらないで、動いて、この辺をずうっと一回りして、そして、最後ここへ戻ってきて、向こうの二人に歌うぐらいにして下さい。やっぱり、動きをもたせた方がいいですね。歌う時ね。

斎藤　※山鳥、動きながら歌う。

ちょっと待って下さい。ここはおれの草むらだぞって、こっからおれの領地だぞって宣言しているわけね。ひばりだってそうでしょ。空の上へ上がって、「この下は、おれの領地だぞ。他のやつは、入ってくるな」って。鳥は、皆、そう鳴いているから。こっちの方にも宣言して下さい。そっちの方にも宣言して下さい。そういうふうに動いて下さい。

※山鳥、宣言しながら動いて歌う。歌の途中で、〝そうだ〟、〝こっちにも〟と声をかける。

斎藤　うん。そして、「よいか」で急に二人に向いて、「近づくな」で全体に歌うようにする。

※山鳥、もう一度、始めから歌う。

斎藤　ああ、いいね。そうすると、ドラマになってきますね。（※子どもたち、山鳥に拍手）

ムサ　驚かして、ごめんよ。尾根で光りものをみつけて、追いかけてきたんだけど。ここらで消えてしまったもんで、さがしていたんだよ。

山鳥　ケッケッケ。それはおれだよ。

斎藤　「それはおれだよ」の後から、間が抜けますね。こういうのは、どうですかね。「それはおれだよ」って言ったら、また、こっちの人（※背景の木々の子どもたち）に動作してもらう。それに、出来れば曲を入れて。それが終わったら、歌に入る。そうでないと、ここが中断されちゃうんです。感情が、中断する。何でもいいから、曲を入れて…。次の歌のでもいいんですよ。「それはおれだよ」って言ったら、その歌を前奏的に弾いてやって。次の歌の歌い出しを弾くから、こちらの人は、それに合わせて動作して下さい。

梶山　伴奏、弾けますか？

斎藤　いや、今のを前奏的に弾きます。

梶山　うん。そして、こっち（背景の木々の子どもたち）は、動きをして。その動きが終わったら、歌に入るってして下さい。何処まで弾いたら歌に入るって、決めて下さい。

斎藤　じゃ、「月よ照らせ」の曲の、うしろ半分を弾きますね。

※梶山、後半分を弾くが、子どもたちはぼやっとしてて、反応しない。梶山、〃ここ、みんなの動きだよ〃と、子どもたちに指示する。

梶山　はい、きれいに動いて下さい。（※山鳥が歌に入る）その時にね、男二人と女一人とか、男一人と女二人とか、男二人に女二人とか、この木々の間を踊れないですか。歌の間に…。踊るんでもいいし、表現でいいですから。それをさせるといいですね。そういうふうにやってみて下さい。そういうふうにして、みんなが交互に、全員がいろいろやれるんですよ。

斎藤　そうすると、いろいろの子がやれるし、一人に偏らない。誰か、前に出てこないような人を選んで下さい。

※田中、まだ表に出ていない男の子二人と、女の子一人を選ぶ。（※子どもたちから、歓声と拍手が起こる）

斎　藤　あの、歌の気持ちを表現してね。全体が、気持ちをつくって下さい。

※「月よ照らせ」を歌う。その間、山鳥の表現の子が、木々の間や舞台上を、曲にのって動く。表現の子どもたちに、〝こっち、こっち来て〟と、動きを指示する。

斎　藤　（※山鳥の表現の子に）歌い終わった時、ちゃんと元に戻っていなきゃ。途中、あわてて駆けたりしないでね。その辺の時が、一番きれいだったね。で、もっとこう、重心を下げてみたり、様々にして歌の表現をすればいい。歌い終わったら、元に戻って済ましてるってね。とても、きれいだったね。

ム　サ　おれたちは、本物の火がほしいんだけど。

山　鳥　火といえば、この下のくぼちで、このところ毎晩、ちらほら明るいものが見えていたっけ。行ってごらんよ。

※ポルカステップで、きつねの火の舞踊表現

斎　藤　しまいに、飽きちゃう。それでね、その子、やってごらん。（※田中、指名された男の子に、もう一度ステップの表現をやらせる）。あの膝がいいですね。非常にこう、こういう所（※膝を示す）に利いていますね。はい、いいですよ。今のでいいから、もう

少し、アクセントつけてね。非常に目立ちますよ。他の子も、あの子みたいにやるといいですよ。こういう所（※膝や肘、手首）をピッピッと使ってね。膝も、思いっきり上げた方がいい。すると、こういう所がピッと使える。

※きつねの火の表現グループ、再度舞う。舞に合わせて、〝アクセントつけて下さい。ピッピッと〟、〝そうそう、そうだ〟、〝その足だ〟と、子どもたちに声をかける。

斎　藤　そういうふうにやって下さい。全員出来たね。それを、思いっきり、パッと。こういう所に、パッと作ります。そうすると、ここがピッピッと目立つから、変化がつくわけね。はい、いいでしょう。

語り手　木も草も、しんしんと茂って、くぼ地は暗い。太い…

斎　藤　（※背景の子どもたちに向かって）そこんとこ、もう少し、広がって下さい。配置を考えて…。それで、全部立ってなくて。一人おきぐらいにしゃがんだっていい。もうちょっとゆったり、広く広がって。もっともっと、間をおいて。少し、ごちゃごちゃしている。もう少し、間隔を取った方がいい。こういう配置の時、一人ぎゅっと出るとか。何時でも、他との関係を持って。ゴシャゴシャと寄り固まると、全体がごちゃごちゃした関係になりますからね。何時でも、他との関係を取らせる。間隔や間を取らせて下さい。

語り手　木も草も、しんしんと茂って、くぼ地は暗い。太い木をぐるっと回って行くと、おや、

チセ　不思議。目の前の枝に、ギンギンきれいなものが光っている。
ムサ　何かしら。ぼうっと、青光りしているわ。
きつね　はてな。燃えてるみたいなのに、ちっとも熱くない。
　さわるんじゃないよ。それは、あたしのものだから。
※子どもたち、きつねの科白が違ったのを咎める。咎められて、きつね役の子は、しょげてしまった。この子は、昨日までインフルエンザで休んでいたのだった。今日も、本調子ではなく、途中まで見学していた。
田中　いいから。黙ってて！。黙ってていいから…。
斎藤　いい、いい。みんながやってるんだから、いいね。みんなで作るんだからね。共同作業だから、みんなしてね。
※田中、きつね役の子に、体調を尋ねる。本人は、〝やる〟と言うので、続けることにした。（子どもたち、応援の拍手をする）
きつね　さわるんじゃないよ。返しておくれ。それは、私のものだから。
※続けて、きつねが歌う。歌の途中で、〝動いて下さい〟、〝一つ所にいない。こっちへずっと出てくる〟、〝二人に、対応して〟、〝声をもっと遠くに〟等の声をかける。
ムサ　ああ、あ。困ったなあ。きつねの姉さ、何処かに本物の火はないかい？
きつね　火といえば、向こうの谷の岩あなに…

斎藤　「向こうの谷」って時はね、「向こうの谷」って言ったら、こっちのお客さん全部見なきゃ。「向こーうの谷」って、谷だって、こんなちっちゃなんじゃなく、「向こーーうの谷」って、手で示すぐらいに、谷を大きくしてやってごらん。

きつね　向こうの谷の…

斎藤　うーん。それじゃ貧相だね。谷が…。体でもっていくといい。手だけでもっていくんではなく。「向こーーーうの」（※手と足を使って、体全体で言う）って。もう一回、やってごらん。

きつね　向こうの谷の…

斎藤　だから、足も使う。こうしたままで「向こうの谷」って言ったって（※体を縮めたままの姿を示す）。「向こーーうの」って、こう持っていく。左足を出すぐらいで。「向こう」を見なきゃ。後で、やってみて下さい。

きつね　向こうの谷の岩あなに、ばあさまが一人、住んでいたっけよ。夜には、ほとほと火あかりも見えていたわ。

ムサ　ありがたいぞ。そのばあさまから、火を分けてもらおう。行こう、チセちゃん。

チセ　「火をたもれ」の歌を歌う。

斎藤　ちょっと待って下さい。そのところ、転換が曖昧でしたね。そこに布を持った人（※きつねの火の表現グループが、中央に大きな木を作っていた）がいたね。そこからの筋が明確でないんです。

田中　戻って、きつねのところからやってみます。（※子どもたち、それぞれポーズを作る。ムササビ、「ありがたいぞ」と言う）

斎藤　その時もね、この大きな木を作っている人たち、それぞれ一歩下がるといいですね。くっつき過ぎているの。何時でも、相手との関係において、動いて…。

　そこで、このところで、「ありがたいぞ。そのばあさまから、火を分けてもらおう。行こう、チセちゃん」ってなるんですね。そこのところが、その場所で言って、そのま、歌になるんですね。だから、そこのところが、どうしたらいいかな。「ありがたいぞ。そのばあさまから…」って言うんだけど、その前に、「向こうの谷の岩あなに…」って言うんだね。そして、「ありがたいぞ」。だから、「ありがたいぞ」って言ったら、この人たち（※中央の木を作っている子どもたち）は、パーッと戻って下さい。「ありがたいぞ」って言ったら、パーッと素早く、姿勢を低くして、自分の所に戻って下さい。

ムサ　ありがたいぞ。（※中央の木の子たち、サッといなくなる）

斎藤　今の戻り方、非常にきれいだったね。ああいうふうに戻って下さい。

ムサ　ありがたいぞ。（※今度は、急ぐのあまり、バタバタと足音を立てて戻る）

斎藤　ほら。今は、さっきと違っちゃった。もう一回。きれいに戻りますよ。

ムサ　ありがたいぞ。

斎藤　はい、ちょっと待って下さい。それで、「行こうチセちゃん」と言ったら、出ます。それで動きを見て、ここで待ってて、それから、チセちゃんが歌いながら出てきて…というう手がありますね。みんながパーッと、「ありがたいぞ」で下がってね。そしたら、「そのばあさまから、火を分けてもらおう。行こう、チセちゃん」って、ここへ出てきて、一緒に向こうへ、ずーっと行く。そしたら、向こうから歌い出す。そういうふうにやってごらん。

ムサ　行こう、チセちゃん。

斎藤　その前があったね。「その火を分けてもらおう」って。誰がチセちゃんなの？あんたは？（※きつねが、ずっと舞台にいた）。あ、きつねは、まだいるんだっけ…。さて、きつねを、どう処分するか？（※見ていた人から、笑いが起こる。子どもたちは、〝きつねがかわいそう〟とか、〝あっちへ行ったら…〟と話している。そのうち一人の子が、〝言ったら、いなくなる〟と言う）

斎藤　あっ、そうか。それ、いいね。言うこと言ったら、帰ると。きつねが帰ったら、「ありがたいぞ」と出る。そっからやりましょう。いい知恵が出てくるね。このように、男の子が言ったのを使って、認めてやる。教師が、あんまりやってみせない方がいい。どんどん子どもってやるもんね。

きつね　向こうの谷の岩あなに、ばあさまが一人、住んでいたっけよ。夜には、ほとほと火あ

かりも見えていたわ。（※言ったら、きつねは、すまして退場する）

ムサ　ありがたいぞ。そのばあさまから、火を分けてもらおう。

斎藤　チセちゃん、どっかへ行っちゃったかね。「火を分けてもらおう」って言ったら、ムササビを見なきゃ。だから、もう少し、離れていないと。

ムサ　ありがたいぞ。そのばあさまから、火を分けてもらおう。

斎藤　そして、前へ来て、「行こう」って。

ムサ　行こう、チセちゃん。

斎藤　そして、ここで、向こうへずっと行く。手を持って行ってもいいですね。そうすると、ここが空間になってくるんです。全然違ってくるでしょう。

チセ　「火をたもれ」の歌を歌う。

斎藤　（※チセが歌う様子をみながら）これで、生きてくるんです。（※チセが歌い終わって、戻る姿に）うなだれる。うなだれるような感じで…。入り切るまで、ピアノ弾いて下さい。ゆっくり弾いて下さい。このくらい、空間にしたから持ったんです。それで、次は？（※こどもたち、谷川の表現のフォローステップをしたくて、うずうずしている）「りんりんと」の前にあるんですか？じゃ、やってみて。それがいいかどうかは、知らないぞ。ここは。はい、やってみて下さい。これは、余分ですよ。あれだけの集中が出たのに…。ま、やってみて下さい。

斎　藤　※こどもたち、「谷川の表現」をフォローステップを使って行う。
あ、いいでしょう。これは取った方がいいですね。さっきの所、十分間合いをおいて。ゆっくり帰して。あそこは、山場ですから、一番の山場になる所ですからね。それで、「りんりんと」と、語りかけて下さい。

田　中　みんな、疲れた？（※子どもたち、〝疲れた〟の返事）

斎　藤　じゃ、ここで休みますか。

※　この時、既に八十分以上が経過し、三校時目のクラブ活動の時間に入っていたので、担当教官の横須賀先生と相談し、梶山さんと二人で、斎藤先生に打ち切りの報告にいった。斎藤先生からは、ただ一言、「あれで、判るんですか。欲がないですね。」と言われたのだった。

オペレッタを指導して学んだこと

一九七九・八　斎藤喜博の個人雑誌『開く』（明治図書刊）二六号に掲載

私が、宮城教育大学附属小学校に勤めるようになってから、四年ほどになります。その間に、斎藤喜博先生に、二度もオペレッタの指導をしていただくという全くの幸運に恵まれました。一度目は、三年生担任の時の『火い火いたもれ』（武田英子原作）でしたし、二度目は、一年生担任の時の『手ぶくろを買いに』（新美南吉原作）でした。

どちらのオペレッタの場合も、私にとっては、まさに生まれて初めての取り組みでした。音楽専科になっていた梶山正人さんに、いつも励まされ、支えながらも精一杯やったつもりでした。それが斎藤先生の指導の一つ一つで、次々と明確になり、数十倍のふくらみを持っていったのですから、ただただ驚くほかありませんでした。そして、自分の中にある古臭いもの、常識的で世俗的なもの、猥雑で陳腐なもの等々が次々と取り払われ、この上なく清潔な自分に清められていくのを実感しました。

私のオペレッタへの取り組みは、『火い火いたもれ』にしろ、『手ぶくろを買いに』にしろ、まるで稚拙なものでした。でも、それだけに、梶山さんに私をぶつけ、子どもの姿をぶつけることで、直接梶山さんから学ぶことが出来たのも嬉しいことでした。

私は、斎藤先生から山ほど学び、また梶山さんからも数え切れないほど学ぶ中で、今年度は、学級が引き続き持ち上がりの二年生でしたので、三度目のオペレッタ挑戦として、『かさじぞう』（瀬田貞二再話より）に取り組んでみました。

この『かさじぞう』への取り組みは、六月から始まり、翌年の三月の発表会まで十ヶ月近く続いたのですが、その取り組みの様子や、取り組む中で見えてきたことなどを中心に、これから述べてみたいと思います。

一　『かさじぞう』に取り組むまでのこと

四年前の『火い火いたもれ』は、梶山正人さんが脚色し、作曲したものです。それを、私の学級（三年三組）で実践してみようと取り組んだのが、オペレッタの世界に入る私の始まりでした。音楽にしろ、劇にしろ、無縁のこととしてまるで呑気に教師生活を送ってきた私にとって、梶山さんと組んでオペレッタに取り組めることは、とても嬉しい反面、不安だらけの辛いことでした。しかし、私の方から〝やらせてくれ〟と言った以上、しゃにむに取り組んでみる以外ありませんでした。いつも梶山さんに、〝田中さん、一生懸命やれば、たとえ失敗しても、必ず何か残るんですよ〟と励まされたのを強く覚えています。

夏休み後の九月から、翌年の三月までの六ヶ月間、『火い火いたもれ』に取り組む中で、私は「総合芸術」とも言えるオペレッタに大変な魅力を感じるようになりました。しかも、この次には、脚本作りからやってみたいものだと思うようになりました。その方が、もっと子どもへの願いがはっきりし、子どもに表現させる中身が一層具体的になるだろうと思えたからです。

それで、『火い火いたもれ』から一年明けた翌々年の一年生担任になった四月、私の仲間（※私たちで『授業と表現の会』というサークルを作っていた。）に、題材を選ぶことからやってみようと提案しました。そして、〝私の案は、「かさじぞう」をやってみたい〟と出しました。「民話のもつ温かさを一年生の子どもに伝えられたら……」と思ったからです。でも結果は、仲間のみんなから総スカンを食ってしまいました。〝子どもが主役でないものは不向きだ〟、〝年寄りが中心の話など、子どもに合わない〟、〝子どものもつエネルギッシュなところが全然出せない〟等から、はては〝この話は、あまり好きでない〟、〝面白みがない〟と言われ、一蹴されたのです。ただ、〝題材選びから、みんなの力を寄せ合う中で、脚色化してみよう〟ということは全員一致しましたので、題材については、次回の例会までの宿題になりました。

一ヶ月後の例会で、私は「手ぶくろを買いに」（新美南吉作）を提案しました。しかも今度は、「思い」や「願い」を取り立てて話すことはせず、具体的な作業でだしました。原作のコピーをもとに、〝ここからここまでがⅠの場面で、ここからここまでがⅡの場面……〟、〝ここのところは、歌で表したいし、ここは語りで表現させたい〟、〝ここのところは、こんな風に構成したい〟等と、私はこうやりたいんだという形で提案したのです。その時、もう一つの候補に「雪わたり」（宮沢賢治作）が出ましたが、〝「手ぶくろを買いに」の方が取り組み易そうだな〟、〝動物が主役のところがいい〟、〝あたたかい感じがする〟等のことで、「手ぶくろを買いに」の脚色化を、サークル員が分担して取り組むことになりました。

こうして、二度目のオペレッタ「手ぶくろを買いに」の脚本は、仲間の分担と検討の中で、二ヶ月ほどで出来上がりました。（もっとも、分担と検討といっても、曲については全面的に梶山さんに負ったのですが。）

「手ぶくろを買いに」の脚本は、夏休み前に出来上がりましたので、夏休みの「授業と表現の会」の合宿研では、実際に私たちで役を決めて、演じてみました。半分照れながらも、何かつかもうと、民宿の畳の部屋いっぱいに動いてみたのです。そばで、民宿の男の子が、〝よくやるよ〟という顔をしながらも、ずっと真面目に見てくれたのが印象的でした。

夏休みが終わると、すぐ私の組での取り組みが始まりました。私の学級の「白ワクの時間」（学級での自由裁量の時間）だけでなく、週一回ある梶山先生担当の音楽の時間も、「手ぶくろを買いに」の練習の時間になっていきました。この「手ぶくろを買いに」への取り組みは、ずっと続き、翌年三月の学年での学習発表会の時まで続きました。

二　脚色のこと

「授業と表現の会」の仲間が分担し合って「手ぶくろを買いに」の脚本を作ったことは、脚本作りの面だけでなく、サークルの運営の仕方や、サークルの中身の方向、一人一人がこれから学ばねばならないことなどの面で、私たちに大変な力をつけてくれました。

また、私の学級での取り組みの「手ぶくろを買いに」と並行して、同じ時期に、梶山正人さんが他の組の一年生を相手に「桃太郎」や「おむすびころりん」の歌物語にも取り組んでいました。私は、それらを何度か見るうちに、〝やりようで、何でもオペレッタの素材になる〟と思えてきましたし、「火い火いたもれ」や「手ぶくろを買いに」のような大作ばかりでなく、〝もっと手軽で、短いオペレッタにも取り組んでみたい〟と思うようになりました。

そんなことを梶山さんに話すと、〝そうですね。いつもいつも完璧にやろうとするばかりでなく、もっと手軽なのや、短いのや、短期間でできるのやらいろいろやってみた方がいいですね。その方がかえってよく見えてくるかもしれませんね〟との言葉でした。

それらのことを思いながら、私は、一年生も終わりの三月、「授業と表現の会」の例会で、再び「かさじぞう」の脚本作りを提案しました。

〝「おむすびころりん」のような、歌で物語を綴っていくといった、もっと手軽なオペレッタにも取り組んでみたい〟、〝一作ずつ重点的にやるというよりも、捨て石のつもりで手軽なものを三つも四つも作ってみて、みんなで次々に実践してみるのも面白いのではないか〟、〝様々の素材から、「こうすればオペレッタになる」という取り組み方をしてみたい〟等と述べた後、「かさじぞう」（瀬田貞二再話）の印刷を出し、分担作業の提案もしました。私の強引な提案に、居合わせたサークル員は半ばあきれ顔で、でも快く承諾してくれました。

そこで、早速作業に入り、まず物語を次の六つの場面に分けました。
①「むかし、あるところに……」の出だしから、おじいさんがかさ売りにでかけるところまで。
② おじいさんがかさを売り歩いているところから、さっぱり売れなくてとうとう日が暮れるところまで。

③　雪が降ってくる中をしかたなく家に帰るところから、六じぞうにかさをかぶせ、再びもとって行くところまで。

④　おじいさんが家についたところから、おばあさんとすっぽり飯を食べて寝てしまうところまで。

⑤　「よういさ」のそりひきの声がするところから、六じぞうが帰って行くところまで。

⑥　フィナーレ

この六つの場面の分担を決め、次回までの宿題にしました。歌の部分ならば歌詞を考えてくる。「語り」の部分なら語りの言葉に直してくる。そして台詞の部分なら台詞の言葉を吟味してくることを条件にしてです。

新学期が始まった翌月の四月二二日（土）。サークル員のそれぞれが、自分の分担分を作って持ってきました。

例えば、開幕の歌は、次の三つが出ました。

A　トントン　わらうつ　ばあさんの手に
　パチパチはじける　いろりの火
　あかく　あかく　あったかく
　さらさらわらあむ　じいさんの背を

すっぽりやさしく　つつんでおくれ
ビュービュー　つめたい　こがらしが
ガタゴト戸口を　ゆすぶって
あたりは　みんな　ふゆげしき

B

一　もったりおもたいそらのした
ゆきがちらほらこぼれてる
むらのはずれにそまつな家が
ぽっつりさむそにみえている
ひんやりしずかなむらのあさ
じいさあどこさへいくんだろう

二　ざんざらざんざりざりざりり
じいさあせっせとわらをあむ
かじかむゆびさき白いいき
そんでもやすまずしごとする
林の向こうに日がのぼり
じいさあようやくこしのばす

C

冬　冬
もかもかの雪が降ってきて
山も里も包みこむ
いろりはあかあか燃え出して
じいさんばあさんすむ村に
お正月さんがござらっしゃる

この三つの歌詞をもとに、みんなで開幕の歌を検討していきました。その中で出たことを上げてみると、

・開幕なので、おじぞうさんのことが入った方がいい。
・遠くのことから近くのことに視点が移るようにしたい。
・あまり説明的でない方がいい。というより、くどくど説明すべきでない。
・雪を降らせたい。
・「山々がみえ、家がポツポツみえ、畑や木がみえ、そして田舎道がみえる」そんな情景を出したい。
・お地蔵さんをどうするのか。並べるのか、バラバラにするのか、ころがすのか。

・いろりは「あかあか」というより、「ちょろちょろ」といった感じの方がいい。
ということから、
・「もったりおもたいそらのした」、「ゆきがちらほらこぼれてる」を生かした方がいい。
・リズムとしては、「ゆきがちらほらこぼれてる」の次に、「もったりおもたいそらのした」
を持ってきた方がいい。
・「ざんざらざんざり」の音もあった方がいい。
・「お正月さんがござらっしゃる」が、最後の方にほしい。
ということまで出ました。そして、これらの話し合いの中で出来上がったのが、次の開幕の歌
です。

一　ゆきが　ちらほら　こぼれてる
もったり　おもたい　そらのした
むらの　まもりの　ろくじぞう
ひっそり　ならんで　たっている

二　とろとろ　もえる　いろりばた
ざんざら　ざんざり　かさをあむ
じいさん　ばあさん　すむむらに
おしょがつさんが　ござらっしゃる

これを、梶山正人さんは作曲する中で、二番を次のように手直ししました。

二　とろとろ　もえる　いろりばた
ざんざら　ざんざり　かさをあむ
じいさん　ばあさん　すむむらに
おしょうがつさんが　ござらっしゃる
おしょうがつさんが　ござらっしゃる
おしょうがつさん
おしょうがつさん

こうして、四月一日から、四月二二日、五月六日、五月二〇日と集まり、「かさじぞう」の脚本化を進めていきました。もっとも、最後のフィナーレの部分は、五月二〇日の段階になってもまだ出来ませんでした。説明口調や、通俗的な道徳臭からなかなか抜け出せなかったからです。それで、〝出来た部分を使って、少し実践してみよう。あわてて作らなくても、そのうちに何かが見えてくるのではないか〟とのことで、次回（六月末の例会）まで残しておくことになりました。

その後、何度か集まって、第一次の脚本と曲が出来上がったのは、夏休み直前でした。夏休みが明けてからは、曲の方の手直しが四度ほどありました。梶山さんが、私の学級の子どもの歌を聴いては、その都度、課題を引き上げて行ったからです。

ただ、私たちは、「かさじぞう」を脚色化する時、瀬田貞二再話の「かさじぞう」を忠実に再現しようという気はあまりありませんでした。（むしろ、瀬田貞二再話の「かさじぞう」を使って、私たちのオペレッタとしての「かさじぞう」を作る気でいたと言った方がよいのかもしれません。）

ですから、なるべく言葉を減らし、骨だけの「かさじぞう」になっていいと思っていました。当然、私たちの脚本を使ったA先生の「かさじぞう」と、B先生の「かさじぞう」では、構成・演出が違ってきます。骨しかないのですから、感じ方の違うA先生とB先生では、中身の膨らまし方（表現のさせ方）が違ってくるわけです。でも、そうした構成や演出の違う「かさじぞう」を突き合わせて、〈違い〉の中身を検討していったら、「表現」の大変な勉強になるはずです。しかも、脚本が固定しているよりも、子どもと取り組む中で、その時々の課題や内容に応じて、拡大したり省略したり出来るぐらいの自由さがあった方が使いいいはずです。そう思って、なるべく粗い、骨だけの脚本でいいと考えました。

三　構成・演出のこと

一年生担任の一二月の時、斎藤喜博先生にオペレッタ「手ぶくろを買いに」の指導をしていただきました。その時私は、斎藤先生に〝全体に平板ですね。ドラマとしての構成が出来ていない。だから、ちょっと疲れる。もうちょっと、省略と拡大というものがないと、劇にならないですね。〟と言われました。この言葉が、その後ずっと私の頭の中にこびりついていました。

持ち上がりの二年生になって、「かさじぞう」に取り組む中で、私は斎藤先生の言葉と二重写しになって、「かさじぞう」の構成上の柱に、次の四つがなるように思えてきました。

① 開幕の場面の構成
② 雪や風の表現のさせ方
③ 六じぞうが動き出す瞬間の場の構成
④ フィナーレの構成

そこで、私は、この四つを意識して取り組んでみました。

まず、①の「開幕の場面の構成」は、次のように構成しました。

子どもたちの配置は、合唱隊の子ども（二六人）を下手の奥に集め、おじいさんとおばあさんは舞台中央に萎んで腰をかがめさせ、そして六じぞう（六人）は上手に出入りをつけて並ばせました。

合唱隊の子どもたちを下手奥に集めたのは〈「開幕の歌」が、舞台のソデから歌だけ聞こえてくる〉ということを意識したためです。体育館のフロアは広いので、十分子どもたちの間隔を取ることが出来たのですが、子どもたちを小さく縮め、出来るだけはじに集めることで、合唱隊の姿を消そうと考えました。

また、六じぞうを上手に配したのは、今度は逆に、うんと目立たせたかったからです。六じぞうは「かさじぞう」の物語の中心でありながら、そりひきの場面まで出番がありません。そこで、〈どうすれば、観客に意識させ続けられるか〉ということで、

・最初から六じぞうを舞台に出し、おじいさんとおばあさんの一部始終を見守っているようにする。
・六じぞうの一人一人の間をうんと取り（四～五米）、しかもそれぞれに出入りをつける。
・六じぞうを、おじいさん・おばあさんの動きや合唱隊の動きと無関係にするために、上手奥に配置する。
・観客の視線が六じぞうに行かないよう、身動きしないでしらんふりして立っている。
・六じぞうは、中央の子が中心になり、他の子はその中心に集まるよう、中央の子に視線や姿勢を向ける。

と考えました。

また、おじいさんとおばあさんを中央に配置してしぼませたのは、開幕の歌との関係からきます。というのも、初め、おじいさんとおばあさんを合唱隊のなかに入れ、歌の途中から中央に出て来るようにしていたのですが、いそいそと出したためもあってか、なんとなく間の抜けた感じでした。しかも、「手ぶくろを買いに」の時、斎藤先生から、〝もっと単純化して、これからのドラマが展開していくのが象徴されるようにならないと開幕の意味がないですね。必ず暗示される。何ごとが起こるんだろう……というふうに観客に期待がわくようにならないといけないですね。〟

と言われていたのですから、なおさら変化が必要でした。それで、思い切って省略し、おじいさんとおばあさんを中央に出して、中央で待たせたらと考えたわけです。しかも、開幕で必要なのは、歌と、舞台の空間（広がり）と、それに六じぞうだけなので、おじいさんとおばあさんをしぼませました。

このような配置の中で、合唱隊による開幕の歌の一番を、あっちにもこっちにも遠くに響かせるよう、気持ちを外に向けて歌わせました。そして、二番になると、おじいさんとおばあさんが動き出すので、今度は逆に自分に言い聞かせるように、気持ちを中に向けて歌わせました。

次に、②の「雪や風の表現のさせ方」というのは、雪が降ってくる様子や、風が吹いてくる様子を、リズム表現による「群舞」で表そうと考えたことです。即ち、笠がさっぱり売れなくてがっかりしておじいさんが帰って行く場面から、吹雪の野原にしょんぼり立っている六じぞうの場面までをつなぐものとして、この「雪や風の表現」を考えたのです。

おじいさんが下手に退場した後、間奏曲に乗って、合唱隊の子どもたちが、それぞれの場所からそれぞれに動いていきます。ある子どもは場所を移動しながら、ある子どもは同じ場所で、雪や風になって身体でひょうげんしていきます。手だけでなく、また足だけでもなく、身体全部を使って曲に乗って表現するのです。そのために、私は、子どもたちとステップの練習を始めとして、体を柔らかくして滑らかに動く練習を何度もしました。

例えば、子どもたちが移動する時、無神経に動くと、足音がうるさく響きます。また、腕や手を動かすにしても、意識が入っていないと、大変見苦しいきたない動きになってしまいます。そんな時、私は〝足音がする人は、足の指が死んでいる人なんだよ。足の指を生かして、音がしないように床をつかんでいって下さい。〟、〝指を離して一本々々見せるんだよ。〟等と言っては、子どもたちに各部を意識させ、スムーズに動けるようになるまで何日も練習を続けました。

ただ、意識するだけでは美しい動きにならないので、動き方の基本も併せて教えて行きました。ステップで言えば、ウォーク、ランニング、スキップ、ツーステップ、ポルカ、ギャロップ、ワルツ、フォロー、ターンを練習しましたし、ターンにしても、歩く中でのターン、走る中でのターン、大きくゆっくり回るターン、小さくすばやく回るターンの練習をしました。そして、その動きの時、手や指が表現での重要な役割をはたすことを、子どもたちの動きを見ながら教えました。

そうした練習を積んでの風や雪の表現でしたが、いざやらせてみると、大変な問題にぶつかりました。その問題というのは、子どもたちの動きの中に、全体としての統一を作り出す「対応」がまるでなかったのです。というより、私の中に子どもたち一人一人をつなげながら全体として一つの方向を作り出すイメージが無かったのです。子どもたちが一生懸命やればやるほど、それぞれが勝手に雑然と動いていくのを見て、「対応」の大事さをいやというほど感じさせられました。

そこで、私は合唱隊の子どもたちを二つのグループに分け、一つはその場で、もう一つのグループは場所を移動しながら動いて表現させることにしたのです。そして更に、その場で表現するグループの子どもには、〝隣の人が動いている時は自分が休み、隣が休んでいる時は自分が動く〟と注文を出し、また場所を移動して表現するグループの子どもには、〝曲の変わり目から変わり目までを動き、次の変わり目から変わり目まではしぼんで休む。〟との注文を出しました。すると、ようやく、子どもたちの動きに繋がりが出てきました。バラバラだった子どもたちが、一人一人まわりの相手をよく見るようになったのです。しかも、みんなの動きに自分を合わせながらも、ねらって自分を出すようになったのです。

これらのことを、子どもたちは発表会が終わった後の作文で、次のように書いています。

・　れんしゅうのときは、よくメロディをきいてなきゃなかなかできないこともありました。でもいっしょうけんめいきいているとあたまの中に入って、このつぎのおんがくのときにすぐできることもありました。雪のひょうげんのところで、れんしゅうのときにおどるときにかわりばんこにやるのは、えみちゃんとあいずをしました。（今野かずえ）

・　わたしは、ゆきのひょうげんのところをおどった時、しっぱいしたと思いました。どうしてかというと、ぶつかりそうになったからです。でも、ぶつからなくてよかったです。（千葉理代）

・　雪のひょうげんのところで、二ばんめのとき、わたなべくんがまわるとき、ドタンというおとがするから、びっくりしました。でも、もうしなくなって、わたなべくんのおりかたが

きれいになって、あんしんしました。（梅津こう）

③の「六じぞうが動き出す瞬間の場の構成」では、初め、おじいさんとおばあさんが退場すると同時に、入れ替わって六じぞうが登場するように考えていました。

その案を、夏休みに行った「授業と表現の会」の合宿研で提案したところ、会の仲間から〝石の地蔵が生きづいて、動き出す所が大事なのではないか。それをもっと強調するような演出にしてはどうか。〟との意見が出ました。そこで、その場で役を割り振って、実際にみんなで二つの案をやってみました。すると、私の案では何の変化も無くズルズルと進んでいたのが、意見の形でやってみると、場面に緊張が起こり、「何ごとが始まるんだろう」というドラマとしての盛り上がりが出てきたのです。教師仲間での、その場でぶっつけの演技でしたが、明らかに前の演出とは違う異質の世界が生じたのです。それを見ながら、私は〈「かさじぞう」の中心の盛り上がりをつくる引き金は、ここにあったのか〉と思い、目の前の視界が急に開けた感じで、しばらく言葉が出ませんでした。しかも、その時六じぞうになった土生さんの演技は、指の先まで使っての全身の演技で、実に悠然としていて、明確なイメージを私たちに持たせるものでした。

此処での構成が変わってくると、当然それを支える歌の方も変わってきました。石の地蔵の六じぞうにだんだんと血が通い生きづいてくるのを、歌の方では「よういさ」のかけ声を息（無声の呼吸）だけで行い、そのかけ声の繰り返しの間に、六じぞうが体の隅々まで伸ばしきるようにしました。そして、歌で入る「よういさ」の所から六じぞうが歩き出すようにしたのです。

④の「フィナーレの構成」は、脚色の段階から意識していました。というのも、「手ぶくろを買いに」での斎藤先生のフィナーレの盛り上げ方が、強く心に残っていたからです。

齋藤先生は、子どもたちがフィナーレの歌を後方に並んで歌っているだけなのを見て、〃はい、今度は、前へ歩いてきてごらん。始め、足踏みぐらいにしてね。前へ出て来る。だんだんだんだんと、少し詰めるようにして、前へ出て来る。そして舞台の端っくらいまできたら、おしまいにする。〃と指示し、子どもたちを動かしてみました。すると、フィナーレの雰囲気がまるで一変したのです。子どもたちは曲に乗って高潮してくるし、見ている私たちにとっては、子どもたちの意気込みや内容がぐんぐんと入り込んでくる思いだったのです。

その時の課題が、ずっと私の中に在り続けました。それで、脚色では、歌だけでなく六じぞうへの呼びかけも入れることにしました。次のが、脚本でのフィナーレの部分です。

語り手　　じいさんとばあさんが、たわらをみたれば、しょうがつのもちやら、さかなやら、いえにかざるたからやら、こがねやらが、どっさりつまって、かぞえきれないくらいあったのだったたと。

よびかけ　六じぞう
　　　　　六じぞう

フィナーレの歌

かさをかぶった　ろくじぞう
ぽっつり　ちいさな　かげになる
ひがのぼる
ひがのぼる
しろいゆきたち　めをさまし
あちらこちらで　ひかりだす
きぎのこずえも　かがやいて
あちらこちらで　ひかりだす
ひかりあふれる　ゆきのさと
ひかりあふれる　ゆきのさと
ゆきのさと

しかしながら、私のこの部分の演出は、極めてイメージの薄いものでした。〈初め、合唱隊の中の何人かに、六じぞうへの呼びかけを言わせ、おじいさんとおばあさんはそれを聞いている〉といった位しか、私の頭の中にはありませんでした。

それが、夏の合宿研（「授業と表現の会」）を経て、子どもたちと取り組む中で、少しずつ見えてきました。そして、三月の発表会の時には、次のような演出にまで膨らんでいったのです。
まず、おじいさんとおばあさんは、上手におり、合唱隊は舞台後方に二列になって並びます。
そして、語り手は、ピアノの間奏曲に乗って合唱隊の中から出てきて、声を下げないようにして遠くに持っていって語ります。語りの部分は、三人で呼吸を引き継ぎながら、
A「じいさんとばあさんが、たわらをみたれば」
B「しょうがつのもちやら」
C「さかなやら」
A「いえにかざるたからやら」
B「こがねやらが」
ABC「どっさりつまって、かぞえきれないくらい、あったのだったと」
と語ります。
呼びかけの部分は、最初の〝ろくじぞう〟を、おじいさんが中央まで走って出てきて、六じぞうが帰って行った下手に向かって呼びかけます。すると、その〝ろくじぞう〟を受けて、合唱隊がこだまのように上手に向かって〝ろくじぞう〟と返します。そして、二度目の〝ろくじぞう〟は、おばあさんが同じように中央に走り出て、おじいさんと同じ方向に〝ろくじぞう〟と呼びかけます。それをまた、合唱隊が上手に〝ろくじぞう〟と返します。
歌に入ると、合唱隊は「ぽっつり　ちいさな　かげになる」までは観客に向かって歌いますが、

「ひがのぼる」から視線を六じぞうが帰って行った下手の方にずらしていき、同時におじいさんとおばあさんを包み込むように移動していきます。そして、最後の「ひかりあふれる　ゆきのさと」からは、おじいさんとおばあさんを合唱隊が包み込み、全員で六じぞうの帰って行った後に視線をやり、六じぞうを見送る形をとって幕になります。

四　「六じぞう」のポーズのこと

「かさじぞう」のそれぞれの配役を決め、練習に入った時のことです。六じぞうのポーズを、まず子どもたちに作らせてみると、どの子どもも一方の手を胸の前で上に向け、もう一方の手を肩のところで前に向けるといったポーズを取りました。それを見て、私はもっと変化をつけたいと思い、子どもたちに次のように言いました。〝六人ともみんな同じポーズにならないようにね。「村のまもり」っていうんだから、見ている人が「あ、村を守ってくれているんだな」って分かるようだといいね。立ったり、座ったり自由でいいから……〟と。

するると、子どもたちはしばらく考えていましたが、〝先生。出来た、出来た！〟と言って私に見せようとしてきましたので、一斉にポーズを取らせてみました。

私の〝一、二の三！〟の合図で子どもたちが作ったポーズは、確かに前と違っていました。でもそれらは、テレビや漫画で馴染みの、腕を額の前で斜めに交差させて組んだウルトラマンスタイルであったり、ドリフターズが体操の場面でよくやるガッツポーズでした。

私は、まったくがっかりしてしまいました。それらのポーズを示してくれた子どもたちにでは決してなく、その程度の刺さり方しか出来なかった自分に対してです。

でも、よく考えてみれば、当然のことでした。私は、「地蔵」に対して何も知っていなかったのですから。何の目的や意味もなく、ただ道端や写真で見たりしただけの中身しかなかったのです。

私には、「手ぶくろを買いに」の時の斎藤先生の指導が思い出されました。子どもたちが背景の木々を作っているのを見て、〝みんなね、木はそんなんじゃないんだよ。いくら雪があって、重たくったって、松の木の大きなやつが地面にペシャンなんてなるなんてありゃしないんだ。それから、落葉松にしたって、北海道へなんか行くと、落葉松・とど松なんかが大きな木になって、大きなやつがあってね、そこへ雪が、こう枝々に積もっているんだよ。みんなのは節穴だ。なかに立っている人がいて、こうんな大きな、天に届きそうな木がいたっていいんだ。〟、〝ほかにはね、下の方で小さな木になって、かわいいんでね、赤い実がなってる木なんか……。小さな赤い実だよ。だけど、雪が積もって寒いなあなんてポーズをとる〟等と言いながら、子どもたち一人一人の姿を作っていったのです。勘の鈍い私でさえ、斎藤先生の一言ひとことでイメージが鮮明になり、〈私だったら、こんなポーズにしてみよう〉と思えてきたのですから、子どもたちならなおさらでした。

でも、それが、六じぞうのポーズを作る時の私の言葉には無かったのです。中身のない私が、いい加減で不用意に「村のまもり」などと言っていたにすぎなかったのです。

子どもたちに六じぞうのイメージを明確に持ってもらうには、まず私の中身を豊かにしなければなりません。泥縄なのを強く感じながらも、どうしようもないので、財産づくりため、急いで調べることにしました。

ところが、仙台市内の本屋や古本屋を探しても、どこにも「地蔵」のことなど書いてある本がありません。二週間ほど探して回りましたが、やはりどこにもありませんでした。〈これは、お寺に行って話を聞く以外にないな。でも、どこのお寺でもいいのだろうか?〉などと思っていた矢先、偶然、石巻の本屋の隅っこに『仏像の印相を訪ねて』と、『詳説仏像の持ち物と装飾』という二冊の本が並んでいるのを見つけました。その中には、「地蔵」の意味や由来、持ち物、姿、印のこと等が詳しく載っていたのです。

翌日、私は子どもたちに調べたことを話しました。地獄から天上までの六道のこと、六地蔵のこと、地蔵信仰のこと、地蔵の姿と表情のこと、錫杖や宝珠のこと、印のこと、村はずれに立っているわけ等を一時間半ほど話して聞かせました。

この話は、子どもたちに大変興味深く受け入れられたようで、放課後の掃除の時まで、子どもたちは、〝明日っから、オレ、給食おかわりしねわ!〟とか、〝もう、ケンカしねようにする〟、〝私も、家のお手伝いする〟などと口々に話していました。よっぽど、餓鬼道や畜生道、阿修羅道の話が強烈だったようです。

そうして、再び子どもたちに六じぞうのボーズを作らせました。すると、今度は、もうウルトラマンスタイルやガッツポーズはなくなって、どの子も手に錫杖や宝珠を持ち、あるいは印を結んでの堂々とした姿を作ったのです。そこで、私は六人を並ばせ、一列にならないように出入りをつけました。また、同じ高さにならないよう、座らせたり凹凸の変化をつけました。ただ、表情がもう一つぴしっと決まらないので、どうにか出来ないものかと思案していたら、そばで見ていた子どもたちが、〝先生、目をつぶらせたらいいんじゃないの〟と言ってくれました。早速、六人の地蔵隊に薄目（半眼）になってもらうと、なるほど、石の地蔵の感じです。〝これはいい！〟と、子どもたちのアイデアを使わせてもらうことにしました。

五 「語り」のリズムのこと

「火い火いたもれ」の、私は語り手になった子どもに、「語り」の部分を暗誦させ、それを空で言わせていました。でも、それを聞いた斎藤先生は、語り手の子どもに脚本を持たせ、朗読するよう求めたのです。語り手の子どもは一生懸命読み始めましたが、声が手にした脚本に向かって出るだけで、ちっとも遠くに響きませんでした。しかも，息の続く限り早口で読み進めていました。斎藤先生は、すぐ、〝一、二ぐらい休んで言って下さい．落ち着いて言って下さい。〟〝息を吸ってもっていくというように、もうちょっとゆっくりやって下さい。そして、いつでも向こうへ通すように。マイクを使わないのだと、声が通りませんからね。いつでも体全部を使って。語り自体が一つのリズムを持つように。〟と指示し、子どもの朗読の指導をしていきました。でも、この時、私には「ゆっくり読む」と「呼吸」と、「語りのリズム」の関係が具体的に分かりませんでした。

二度目の「手ぶくろを買いに」の時、私は語り手になった子どもに脚本を持たせ、朗読させようと思いました。子どもにとっては、わずか二、三行だけの文ですので、すぐにも覚えてしまい、空で言おうとしましたが、私は、〝ダメ！　本を見て言いなさい〟と敢えて〈脚本を見ては語り、また脚本を見ては語る〉という風にさせました。

それを何回か繰り返すうちに、ようやく気づいてきたのですが、〈空で自分の知っている限りを次々にしゃべっていく〉のと、〈脚本を見ては語り、また脚本を見ては語る〉のでは、断然後者の方が内容のある「語り」になっていることを知ったのです。しかも、なおやってみて気づいたことは、言葉のひとかたまり毎に息を十分入れ、声に体を乗せるように体でもっていって語らせると、内容だけでなく、一つのリズムを持って聞こえてくることが分かりました。私は、ここで初めて、「体全体をつかって」と「語り自体のリズム」の関係が見えてきた気がしました。

子どもにとって息を吸うことは、単に呼吸をするということだけではなかったのです。喋る（語る）ことで拡散していった気持ちを、体全体で息を吸うことで、再び気持ちを凝縮させることだったのです。しかも、でたらめに息を吸うのではなく、体を開いたり閉じたりのリズムの中で息を吸うのですから、自然に「語り」にリズムが出てくるわけでした。

この「語り」のリズムは、間奏曲が入った時、一層明確になってきました。子どもは、呼吸のリズムを曲のリズムに乗せて行うようになったからです。ところが、斎藤先生に「手ぶくろを買いに」を指導していただいた時、今度は、〝脚本を持たないで言ってみて下さい。〟と言われたのです。そこで、私は、また分からなくなりました。

同じ年の十一月。石川・東陵小学校の公開研究会に行った時、六年生の子どもたちが「利根川」の表現をやっていました。子どもたちは、手に何も持たず、ピアノに乗って体で語り、体で表現していたのです。それを見て、私は、高い憧れを抱きましたが、反面、体で語り、動いて語ることはまだまだずっと先の実践のことだとぼんやり思っていました。どう取り組んだらいいのか、まるで見当がつかなかったからです。

二年生での「かさじぞう」の実践に取り組み始めても、私は、語り手の子どもに脚本を持たせて、語らせていました。実践の先が見えず、踏ん切りのつかないままズルズルと日を過ごしていました。

そんな時、まったく幸運なことに、静岡県の水見色小学校での公開研究会に参加する機会がありました。水見色小学校では、「手ぶくろを買いに」のオペレッタを発表するというのです。先が見えずモヤモヤしていた時だっただけに、私は嬉しく、梶山さんと一緒に参加させてもらうことにしました。

梶山さんと私は、公開研究会の前日、水見色小学校を訪れ、「手ぶくろを買いに」の最後の手入れを見せていただきました。

子どもたちが演じる姿を見て、私は、非常に驚きました。子どもたちは、「語り」の部分を、脚本から離れ、動きながら体で語っていたのです。すぐそばで、梶山さんが、〝利根川のイメージがあるんですね。〟と私に言ってきました。この水見色小学校での子どもの姿は、私に大変なものを学ばせてくれました。動きながらの語りのリズムが、ほんの少しですが、私の中に見えてきたのです。

学校に戻ると、私は、すぐ動きながらの「語り」へ取り組み始めました。子どもを歩かせ、何度も何度も語ってもらいました。そして、私自身も歩いて語ってみました。とにかく、やって確かめる以外にないと、必死で続けました。練習の時間が取れないので、給食を分けている時に、さっと会議室に行って子どもと練習を続けました。

そうして、ようやく「動きのリズム」と、「呼吸のリズム」と、「語りのリズム」の関係がなんとか見えてきたのは、冬休み直前の頃でした。

冬休みが終わると、梶山さんに「語り」の部分に間奏曲を入れてもらって、間奏に乗せて語る練習を始めました。すると、間奏を入れたとたん、子どもはスムーズに動き、楽にしゃべり出したのです。子どもは、無意識のうちに曲のリズムに乗ることで、「動きのリズム」と「呼吸のリズム」、それに「語りのリズム」を統一して表現してしまったのです。これには、私は、びっくりしました。でも、一人が出来るようになると、芋づる式に他の子どもも次々と出来るようになっていきました。

六　配役のこと

私は、〈教師が課題を明確にして、深みのある内容を子どもたちと一緒に取り組んだ時、そしてそれらを積み重ねていった時、結果的に学級集団が出来てきたり、鮮明な輪郭を持った子どもが出て来る〉と思い続けています。でも、もう一方で、〈「思い」や「願い」を高く、強く持ち続けないと、学級の質が変わったり、子どもの質が変わったりしない〉とも思っています。

その意味で、オペレッタの役を決めるのは、いつも学級や子どもに対する私の強い「思い」や「願い」の表れにしてきました。私が役を決めたのですから、子どもたちにしてみれば、自分のやりたい役を自分で決められず、大変不満だったろうと思います。それだけに、私は、失敗すれば一切私の責任という気持ちで、必死で子どもたちにぶつかりました。私を信頼して、一生懸命子どもたちが取り組んでくれた時、〝よくやってくれるなあ〟と感謝の気持ちでいっぱいになりました。

「火い火いたもれ」の時、ムササビ役を星君にやってもらいました。この星君は、日頃からどもるところがあり、気軽な日常の会話でも流暢に話せず、まして緊張した時などはもう駄目でした。しかも星君は、運動面もほとんど駄目で、みんなと校庭を一周したら、ゆうに半周は離されてしまう有様でした。ですから、他の子どもたちは、いつもは一見仲良く楽し気に遊んでいますが、一旦喧嘩になるとボロクソに星君をけなしました。私は、どもりながらもじっと耐えている星君の姿に何度も出くわしました。私は、星君と他の子どもたちのそんな関係がたまらなく嫌でした。

でも、私が星君をムササビ役に選ぶようになったのは、正直、斎藤先生の授業で目を開かれたからです。

十月二五日。隣接の授業分析センターで、私の学級を使って、斎藤先生が「春」(坂本遼)の授業をしました。その中で、星君がどもりながらしゃべった時がありました。担任の私は、ほとんど聴き取れず、「何を言っているんだろう?」と思っただけでしたが、斎藤先生は星君の言葉を明確に聴き取り、〝どういうことを今言ったのですか。この人は大事なことを言ってますよ。〟と参観している学生たちに訊き返しました。その時、そばにいた私は、内心真っ赤になりました。担任なのに聴き取れず、大事なことを言っているのに感じ取れない自分が、たまらなく恥ずかしく思えたのです。

その時以来、私は星君の言葉だけでなく、一挙手一挙手を意識して見続けました。すると、今まではまるで見えなかった、ステップでの柔らかな動きや、算数や国語での鋭い感覚が、少しずつ私の中に入ってきました。私は、星君のよさが見えてくればくるほど、「この星君のよさを、是非他の子どもに伝えねば」と思いました。子どもたちは、星君の本当のよさを知らないから、平気で星君を馬鹿にしてしまうのです。私の中の、そんな思いが、星君をムササビ役に選んだのでした。

三月の学習発表会での「火い火いたもれ」の発表が終わった後で、星君は次のような感想を書き、星君のお母さんも、私に次のような手紙をよこしました。

「火い火いたもれ」をして　　星和人

ぼくは、へんとうせんで三週間ぐらい休んでいて、何日ぶりに学校に行きました。教室に入ったとたん、みんながぼくをみています。ぼくが、みんなに「どうしたの」といったので、みんなが「星君、ムササビだよ」といったので、ぼくはからかっているのだと思っていたら、みんながしんけんだし、田中先生までおっしゃったのでびっくりしました。それから四日後に、ぼくだけにセリフをきいたので、へんだなあと思いました。ぼくは，セリフをはやくおぼえるために、父とか姉とか母にきょうりょくしてもらいました。一日後、動作にはげみました。「よし」のところは、手をたたいたり、そのほかのいろいろなところは、みんなからおしえてもらったり、みんなで考えたりして、前の人たちより、りっぱに上手にしようと一しょうけんめいでした。あと、チセちゃんのところをどもってしまうからなんかいもれんしゅうしました。

いよいよ学習発表会です。（どうかどもんないように）と思って、いっしょうけんめいしました。田中先生がテープレコーダーにふきこんでくださったのを聞いてたら、ぼくの声がへんな声でした。家に帰って姉に行ったら、自分の声はおかしくきこえるんだよといわれて安心しました。

セリフもすらすらといえたし、前にした人たちにまけないくらい上手にできたし、広々としたフロアで自由にできたし、合唱も体育館いっぱいにひびいて気持ちがよかったと思いました。

ぼくは、一番しゃべる役になってうれしかったです。声の出し方や動作のしかたを、みんなで考えて、もっと上手になりたいと思います。

星治子

先日、学校から帰ってきたのでしょうか。頬を真っ赤にした子供から、「火い火いたもれ」のムササビ役になったとせき込んで告げられた時は、大変な驚きと同時に、先生の御配慮が感じ取られ、感謝の気持ちで一杯でした。しかし、はたしてうちの子供は、すらすらとセリフを言えるだろうかと不安と焦燥が胸に広がるのを覚えました。まして、子供は尚の事、なかなか信じられないらしく一晩中頬をつねっては、「夢でないよね」と何回も何回も念を押して居りました。めずらしく父親まで相手役になり、あたりかまわずの大声で練習を繰り返し、二日ほどでとうとう暗記をしてしまった様です。

いよいよ三組の劇が始まりました。広い体育館一杯に広がる張りのある声でのきれいなハーモニーの合唱……。劇の進行にともない独唱、ステップ、セリフが可愛らしく整然と展開していきます。子供達の伸び行くエネルギーに圧倒されながらも、この舞台の上の子供達の親として幸福感にひたったのは、私だけではないものと思われます。和人も、セリフを覚え始めた頃から話も大部気にならない様に云える様になって参りました。本人も、僕は、今回で治るかもしれないよと生き生きとした顔を見せてくれます。私もどうか治ってくれますようにと祈って居ります。（以下略）

「かさじぞう」の時は、おじいさん役をやった戸塚君がそうです。戸塚君は、二年生になった時、市内の公立の学校から転校してきた子どもです。ですから、一年生の時の「手ぶくろを買いに」には参加していず、オペレッタのことは全然知りませんでした。

この戸塚君が附属小学校に転校してきたのは、わけがありました。お母さんの話ですと、前の学校では学校が嫌で嫌でたまらず、何度も登校拒否を起こし、その都度教室まで手をひっぱってつれていったそうです。そのうちに〝お腹が痛い〟とか、〝頭が痛い〟というようになったとか。それで、〝これではどうしようもない〟と、二年生になる時附属小学校に編入し、私の学級に入ってきたのでした。

戸塚君は、夏休み前まで、なかなか私の学級に溶け込めませんでした。様々のことで、私を警戒していたようです。それは、水泳の時に典型的に現れました。他の子どもは喜んで入るのに、一人戸塚君だけは、〝今は風邪をひいているから、お母さんに入るなと言われた〟とか、〝お医者さんに駄目と言われた〟と言って、休んでいました。

私は、その言葉を別に疑いもしませんでしたが、そのくせ外で遊んだりしていたので、ある時、〝少しくらいは大丈夫だから、着替えなさい〟と言って、プールに入れてみました。ところが、全然「浮き」も出来ません。顔を水につけるのがやっとでした。五分位プールに入れてから、風邪をこじらせてはと思い、後は上で見させていました。

その翌日。戸塚君は、学校を休みました。私は、〝風邪をぶりかえしたのかしら？〟と心配していたら、一時間目が終わった時、戸塚君のお母さんが学級に顔を出しました。そして、〝朝、様子がおかしかったけど、大丈夫でしょうか？〟と言ってきたのです。私は、びっくりしました、今日は、朝から学校にきていなかったのですから。でも、それを聞いたお母さんは、もっとびっくりして、慌てて家に戻って行きました。

それから一時間ほどして、戸塚君のお母さんから電話がきました。電話で話すことには、〝朝、家を出たが、お母さんのスキをうかがって家に入り、押し入れに隠れていた、〟とのこと。そして、〝学校がいやになったのは、今日は水泳があるから〟とのことでした。

それで、私は、すぐ学校に出て来るように言いました。出て来た戸塚君を見て、私は〝前の学校のことは知らないけど、この学校の二年一組は、出来なくても威張って来ていいんだよ。先生が、出来るようにしてやるから。〟と話して聞かせました。

そんな調子の戸塚君が、夏休みが終わって取り組んだ「土鍋」の絵では、大変素晴らしいものを描きました。十一月に行われた授業分析センターでの「一日研究会」で、上野省策先生が〝全体に駄目だが、中には良いものが幾つかある〟と言って、指差したのが戸塚君の土鍋の絵でした。

その時私は、「こういった良さを、ひとつでも余計に出せば、戸塚君は、きっと元気のいい、明るい子どもになるはずだ」と思えてきました。

「かさじぞう」の配役を決める時、私はためらわず戸塚君にしたのでした。


私のオペレッタへの取り組みは、始まったばかりです。先輩教師の梶山さんに学び、サークルの仲間に学び、何よりも斎藤先生から学ぶことで、ようやく幾つかの入り口が見えてきたところです。

でも、正直のところ、四年前の私と四年後の私とでは、子どもに対する感じ方や見方がまるで違ってきました。ほんのわずかながら、子どもたちの指先が見え、足音が聞こえ、そして繋がりが見えるようになってきました。これは、「オペレッタに取り組むようになったからだ」と本気で思っています。

今、私は、かすかに見えてきたいくつもの入り口を、さらにはっきりと見すえて、一つ一つ確かめていきたいと思っています。そのためには、「表現としてのオペレッタ」を一層具体的に追求していかなければと思っています。

私は、この四年間の中で、何時の場合でも、次の四つを〈オペレッタに取り組む上での基本姿勢〉としてきました。
① 学級の全員が参加する。しかも広い舞台（体育館のフロアや校庭）を使っての出ずっぱり

である。
② 一切の道具（小道具や大道具）を使わず、身体を駆使して表現する。
③ 一つ一つの動きを舞踊的に表現する。
④ 構成や演出は、子どもによって変わる。
これは、これからも取り続けていこうと強く思っていることです。この姿勢の中で「表現としてのオペレッタ」を追求していきたいと思っています。

この四月で、宮城教育大学附属小学校から石巻・山下小学校に転勤しました。

※ この後に、「かさじぞう」の演出メモが付けられていますが、省略します。

「音楽劇を演出する」のこと

二〇二二・九・一八（『事実と創造』一二月号掲載）

沖縄・あおぞらこども園と表現活動の「音楽劇」に関わってから、一五年（三二回）になります。また、岐阜・八幡保育園（一二回）や、沖縄・勢理客保育園（一二回）、沖縄・愛音こわん保育園（一六回）、宮城・石巻東保育園（週一回の二年間）とも「音楽劇」で関わってきました。

この間での取り組みから、拙本『幼児教育と音楽劇』（一莖書房刊）に書いたように、私には小学校教師時代での学びのみならず、「音楽劇」に関する様々のことが見えてきたり、分かってきました。

ここでは、音楽劇に取り組む際に、保育士（教師）さんにとって最大の仕事である「演出する」ことでの、私なりの整理・提言を述べてみます。

一 「前・音楽劇（プレ・オペレッタ）」の役割

私たちが表現活動として取り組んできた「音楽劇」は、

① 全員が、舞台に「出ずっぱり」でいること
② 衣装を一切使わないこと
③ 広いフロアを舞台にすること
④ 明るい中で演じること
⑤ 素足（裸足）で演じること

を原則にして取り組んできました。でも、この五つの原則で子どもたちと「音楽劇」に取り組むには、年少児（三才児）頃の取り組み方に、成長・発達に関わっての大きな課題があることに気づかされました。別言すると、「三歳児に出来ないことが四歳児に出来、四歳児に出来ないことが五歳児になると出来るようになる」ことでの成長・発達の仕組みが、「表現活動（音楽劇）」の

取り組みでも成り立つことが実感できましたが、その段階毎の差は一様且つ等距離ではなく、特に初めて取り組む年少児（三歳児）にとっては、物凄い不安・不明の世界となって立ち塞がっていることを知らされたのです。

保育士さんと子どもたちが、その山を悪戦苦闘しながらもなんとか越えた時、次の年中児（四歳児）や、その次の年長児（五歳児）は、格段に違う「音楽劇」の世界を楽しみ、創り出していきます。まさに、年中児や年長児の子どもたちの示す姿から〈違うのは、保育士さんの力量だけ〉とも言えるほどの表現の世界に、子どもたちが入っていくのです。

そうして、ようやく得心したのは、五つの原則の中の①の見直しでした。つまり、実質『全員が主役』となるように原則①の形で「出ずっぱり」を主張してきました。そして、「出ずっぱり」である以上は、どの子も役割を持った演技・表現をするように「音楽劇」の構成・演出を考えてきました。でも、私や保育士さんの意などどこ吹く風で、子どもたちが好きなように走り回ったり自由勝手に抜け出す姿から、ようやく〈初めて取り組む三才児にとっては、最初から最後まで演技（表現）し続けることに無理がある〉と思い知ったのです。

この課題の解決策に思いついたのが、〈音楽劇に半分参加して、残り半分は観ている〉ということでした。尤も、「観ている」と言っても、舞台から離れてということではありません。「舞台上で、自分の出番まで他の子の演技を観ながら待っていて、自分の出番になったら演技・表現する」というものです。私が関わっている沖縄・あおぞらこども園の子どもたちは、この「観ている」姿に打ってつけの育ちをしていました。つまり、一歳頃から正座（※あおぞらこども園では、正座を「お母さん座り」と言っています）をして食事をする、正座をして話を聞く、正座をして順番を待つ等のことが日常化していたのです。

この「正座」は、私が狂言師・石田幸雄師から狂言を二〇年間習う中で日常化した姿（拙著『趣味に生きる教師』一莖書房刊）でした。というより、「正座」に慣れてくると、体幹が崩れず、身の裁き方一つで即座に立位になったり、自在に身体を駆使出来るようになります。しかも、正座の習慣に慣れていない保育士さんだと　二～三分も持たないのですが、子どもは体重が軽いので、一〇分～一五分程度の正座ではしびれを切らすことが全く無いのでした。

何よりも「正座」姿の効用は、すきっと座っている姿が絵になることでした。舞台上の所定の場所に正座で座っているだけで、何もない舞台空間に「龍安寺の石庭」の如き世界が現れるのです。とは言え、子どもたちに不動・無心の心で云々というものを求めるものではありません。三歳児の子どもたちですから、身体を揺すったり、手を動かしたり、あくびをしたり等々の姿を現します。それでも、子どもたちが自分の出番まで、ワクワク・ドキドキ・ニコニコして待っている姿は、それはそれで舞台の「花」になると知ったのです。

以下、具体的に『おおきな かぶ』（トルストイ再話　小松田克彦脚色　梶山正人作曲）と『てぶくろ』（ウクライナ民話　小松田克彦脚色　梶山正人作曲）での、私たちが取り組んだミザンセーヌ（演出構成図）から、具体的な動きや姿・表現の有り様を述べてみます。

『おおきな かぶ』は福音館書店の絵本にあり誰でも知っているお話です。その絵本素材を小松田克彦さんが脚色しましたが、歌は「開幕のうた」と「終曲のうた」の二曲しかありませんでした。でも、①種をまく曲、②おどろく曲、③おじいさんがかぶを抜こうとする曲、④おばあさんが来る曲、⑤おじいさん・おばあさんがかぶを抜こうとする曲、⑥まごが来る曲、⑦おじいさん・おばあさん・まごがかぶを抜こうとする曲、⑧いぬが来る曲、⑨おじいさん・おばあさん・まご・いぬがかぶを抜こうとする曲、⑩ねこが来る曲、⑪おじいさん・おばあさん・まご・ねこがかぶを抜こうとする曲、⑫ねずみが来る曲、⑬おじいさん・おばあさん・まご・ねこ・ねずみがかぶを抜く曲、⑬退場の曲 と、動作での表現の曲が一三曲も出て来るのでした。脚色者の小松田克彦さんは、オペレッタ入門期の子どもたち（二～三才児）に、動作での表現を楽しんでもらおうと企図したのだろうと思いますが、岐阜・八幡保育園では、何度か挑戦するものの、何時しか保育士さんたちが敬遠して「お蔵入り」してしまっていました。この『おおきな かぶ』を、年少児（三歳児）でも取り組めるようにと、私なりの子ども理解から、次のように演出・構成を変えてみたのです。

子どもたちは、普段から知っている曲で入場したら、すぐ「開幕のうた」を歌います。その時、おじいさん役の保育士さんが前に出てきてかぶの種をまき、終わったら下手に退場します。すると別の保育士さんが上手に出てきて「おおきなかぶ」を表現します。そうして、「開幕のうた」が終わったら、子どもたちはおじいさんグループ、おばあさんグループ、まごグループ……と、六つのグループに分かれて正座の形で座ります。そして、子どもたちが所定の場所に落ち着いたら、指揮する保育士さんがナレーターになって、「おじいさんが　かぶを　ぬこうとしました」と語ります。その語りに合わせて、おじいさん役のグループが立ち上がり、かぶの所に来てかぶを抜こうとします。でも、保育士さんの演じるかぶはびくともしません。それで、おじいさんはおばあさんを呼びます。曲に乗って出て来たおばあさんは、おじいさんとおばあさんが一緒になって……という具合に、次々と出てきては繋がってかぶを抜こうとします。でも、やっぱりかぶは抜けません。それが、最後のねずみが加わったことで、ようやくかぶが抜けるのでした。この一連の流れの中で、子どもたちの役回りは、かぶを抜くことだけに全力を集中し、後は自分の番が来るまで他の子どもたちの演技を正座して静かに観ているというものです。当然、劇の展開で必要なこと（おじいさんがかぶの種をまく、大きなかぶになる、ナレーター役）は、保育士さんが演じる他ありません。でも、そうすることで、子どもたちは安心して自分の役だけに集中し、身体を駆使した表現や、歌（「開幕のうた」と「終曲のうた」）を楽しむことが出来たのでした。

また、八幡保育園で同じように取り組まれなくなった『てぶくろ』（ウクライナ民話　小松田克彦脚色　梶山正人作曲）は、次のような構成・演出にして取り組んでみました。

私は、『てぶくろ』が八幡保育園で継続して取り組まれなくなった理由を、当時の園長・稲葉直温さんや保育士さんたちに直接訊いたことはありませんでしたが、〈てぶくろの扱いに苦労し、子どもたちが「その気」になって楽しむ姿を生み出せなかった〉ことが容易に想像できました。

それで、「てぶくろ」を四本柱の結界に置き換えることで、結界の内と外を「てぶくろ」の中と外に見立てることにしました。四本の柱（※結界―長さが七〇cm位の四本の角柱で、方形の四隅に立てる。子どもが正座して座った時、方形の中に納まる広さと高さにする。結界の中に居ることで、子どもたちにてぶくろの内を意識させる）しかありませんから、子どもたちの姿は素通しで見えます。でも、子どもたちは、てぶくろの中に入ったと思い、整然と座るのでした。そうして、次々とネズミグループから順に、かえるグループ、うさぎグループ、きつねグループ、おおかみグループ、いのししグループ、くまグループと、それぞれが手袋の中の相手グループに呼びかけてはてぶくろ（結界）の中に入るようにしたのでした。子どもたちは、自分の順序・役割がはっきりすると、自分の役を張り切って演じるだけでなく、他のグループの演技にも関心を持ち出し、正座している自分を忘れて、静かに観ていてくれるようになったのです。子どもたちは、やはりワクワク・ドキドキ・ニコニコしながら楽しんで観ているのでした。

『てぶくろ』のお話は、おじいさんがてぶくろを落として行ってしまうところから、話の展開が始まります。また、ぎゅうぎゅう詰めのてぶくろに、犬が吠えることで話が収束していきます。でも、このおじいさん役と犬役は、三才児の子どもたちには無理だと判断し、それぞれ保育士さんに演じてもらいました。子どもをよく知る保育士さんならば、子どもたちが示す姿に即応して、咄嗟に最善の手を打ってくれると思ったからです。このことも、子どもたちが演じる時に大きな安心材料になったようです。

以上のように、①～⑤までの原則を満たした本格的な「音楽劇」に取り組む前に、保育士さんの応援演技や、表現活動（歌う・語る・身体で演じる等）に取り組んだり休んでいたりを取り入れることで、「音楽劇」の入門期が、楽しく過ごせるようになることが分かりました。

私は、この時期の「音楽劇」を「プレ・オペレッタ」と称し、『おおきな かぶ』、『てぶくろ』の他、『うずらちゃんのかくれんぼ』（きもとももこ作 田中憲夫脚色　千葉曜子作曲）、『野原のつぐみ』（浜田広介作 梶山組脚色 若山智美作曲）を「プレ・オペレッタ」として、年少児（三才児）の表現活動に取り組んでいくことにしています。

二　音楽劇に「象徴」を作る

岐阜・八幡保育園で『あほろくの川だいこ』（岸武雄作 小松田克彦脚色 梶山正人作曲）に取り組んでいた時（2012.10.24）のことです。最終部のクライマックス部分は、

みずはぐんぐんふえていく　たすけはまだかと　ドドンドドン
そやけどふねはこなかった　ながされながらろくはうつ
ドドドンドドドドン　ドドドンドドドドン　ドドドンドドドドン
ドドドンドドドドン　ドドドンドドドドン　ドドドン　ドドドン
なのかほどたって　かわのみずはひき
つつみのうえにきてみたが　もとよりろくはおらなんだ

　きこえてくるのはみずのおと
　　ゴーゴーゴーと　みずのおと　……

と歌われており、保育士さんの指揮に合わせて、子どもたちは一つになって全身で歌っていました。また、ろく役になった子どもは、水に流されていくかのように舞台から消えて行ったのです。

　でも、それを見た私は、話ではろくは水に流されて行くのでしたが、ろくを舞台から消さずに舞台上手に立たせて、太鼓を打たせ続けるように変えてみました。指揮をしていた保育士の北野さんは、一瞬口を付きそうになりましたが、私が子どもを指示する姿を見て、様子を見ることにしたようです。また、ろく役の子どもは、動きを変えられたことで要領が飲み込めずにいましたが、私の〝流されても消えてしまわないで。ろくの心を舞台に残して！　ろくがここ（上手前方）にきて、これが私だって示し続けるの。ここで太鼓打っててもいいから……〟の言葉を聞いて、すかさず納得・了解したのでした。

　私が、〝じゃ、「なのかほどたって」からもう一度やってみて下さい〟と言って繰り返してもらうと、最後の場面の雰囲気が一変したのです。悲劇の話が一転、希望の劇に変わったのでした。また、その変化を感じて、保育士の北野さんは納得・了解したようです。不審げの顔が、瞬時に理解の顔に変わったのでした。

　この時、私は『あほろくの川だいこ』の脚本のみならず曲も、一切手を付けたり変えたりしませんでした。でも構成・演出を変えることで、音楽劇『あほろくの川だいこ』に内在する質や方向性が、異質になり異方向を示したのです。ここに、「演出する」ことの重大さと重要さが潜んでいると確信しました。

また、私たちが脚色した音楽劇『かさじぞう』（瀬田貞二再話 授業と表現の会脚色 梶山正人作曲）の音楽劇では、私が関わったどの『かさじぞう』の時も、「ろくじぞう」を舞台上に出し続けてもらいました。おじいさんが笠を売りに行く時も、街中で笠を売る時も、売れなくて帰ってくる時もです。

六体の地蔵を舞台上に出し続けることは、『かさじぞう』という音楽劇の解釈（原作・脚本・曲等の解釈）にもなりますが、六体の地蔵が何時でも・どんな時でもおじいさん・おばあさんと繋がりを持っている（慈悲の心への地蔵信仰？）からこそ、おじいさんは思わず「あやぁ むごいことだなぁ」と言って笠を被せるのです。また、おばあさんも、雪だらけで帰ってきたおじいさんに「おじぞうさまにあげて よかったな」と言うのです。つまり、その繋がりを表す表現法として、六体の地蔵を舞台に出し続ける演出が必須だったのです。そしてそれはまた、六体の地蔵が無言・不動のまま舞台に出続けることで、路傍に佇む石くれの地蔵から徐々に「ろくじぞう」となって生きづいていく様が、起承転結の「承」から「転」に移るドラマ（はらはら・どきどき感）としてダイナミックな劇空間を生み出したのです。

更には、『はだかの王様』（アンデルセン作 千葉教授学の会脚色 梶山正人作曲）では、王様といかさま師の関係を絶えずはらはら・どきどきの関係にしておきたいと考え、部屋に戻った王様を舞台から消してしまうのではなく、舞台の隅に居続ける演出を考えました。つまり、お城の広間という舞台空間ではいかさま師と大臣や役人とのやりとりがあったり、いかさま師の機織りや仕立てをしている表現があったりしますが、王様が舞台上に「象徴」として在り続ける演出を考えたのです。当然、「象徴」ですから、威厳を持った王様が居るだけで、何の演技もしません。でも、舞台上に居ないはずの王様が「象徴」として居続けることで、劇中の登場人物のお互いが相互に関わり合い影響し合っていることを、あおぞらこども園の年長組の子どもたちは感得して、「無関係な関係でいる」という交流を創り出したのでした。そこには、指導にあたる保育士さんの日頃からの確かな子ども理解と、保育士さんたちでの共同で見出した深い解釈と洞察力がありました。そしてまた、子どもたちにも劇内容（表現内容）を瞬時に感得する柔軟さと鋭敏さが育っていたからでした。

この「象徴を作る」という演出法は、今から四五年も前に、私が担任をしていた宮城教育大学附属小学校・一年一組の子どもたちに、斎藤喜博さんが音楽劇『てぶくろを買いに』（新美南吉原作　授業と表現の会脚色　梶山正人作曲）の手入れに入った時（※この時の手入れの様子は、斎藤喜博著『わたしの授業 第五集』に記載）に始まります。その時、

——子ぎつねが町に出かける場面——

斎藤　　子ぎつねと母ぎつねですね。母親は合唱隊から離れてここに（上手）しゃがむの。そして子ぎつねが、はるか遠くに歩いていくのを心配そうに見てなきゃだめ。

……お母さんはそれをずっと遠くからみている。

――ぼうし屋さんの戸を叩く場面――

斎藤　母ぎつねはいないんだけどもね、象徴なんだから、やっぱり舞台で見えていてもいいわけです。これは（舞台）、遥かな距離があるんですから。芝居というものは、そういうものなんです。いないもんだから見せちゃならないというものではないわけね。」

と斎藤喜博さんから言われましたが、表現活動に取り組み始めたばかりの私には、ほとんど理解不能の状態でした。唯一、斎藤喜博さんの言葉に反応して、子どもたちの演じる姿が次々と変わっていくことだけが、身に染み込むように感じたのでした。

「象徴を作る」ことをようやく納得し理解出来たのは、二〇年以上も後の、私が「教師修行」として和泉流狂師・石田幸雄さんに狂言を習い始めて（※拙著『趣味に生きる教師』一莖書房刊　詳細記載）からのことでした。石田幸雄さんの師匠である野村万作さんの書いた「居ないけれど、居る」の一文（拙著『幼児教育と音楽劇』53頁に詳細）に出会って、ようやく「象徴」の意味することが氷解したのです。時は既に、担任を離れた五十代に入ってからのことでした。

「音楽劇」を構成・演出することは、指導にあたる保育士（教師）さんにとって、自分の内実が問われる営みでもあります。子どもたちが「その気」になり、楽しんで対応・交流を起こせば、その音楽劇は、百％成功したと言えるでしょう。でもその先の、子どもたちが本気で考え・工夫し、新たな対応・交流を起こすには、指導にあたる保育士（教師）さんの「演出する」力が必須不可欠になります。「プレ・オペレッタの役割」や「象徴を作る」で述べた構成・演出に関することは、原作はおろか、脚本にも表れていない事柄です。でも、就学前であるにもかかわらず、八幡保育園やあおぞらこども園の子どもたちは、それを受容し、吸収し、演技で表現する力があることを示してくれました。

二〇二三・一・一九　（『事実と創造』四月号掲載）

続「音楽劇を演出する」のこと
――コロナ下での音楽劇――

二〇二〇年から日本中に蔓延した新型コロナウィルスは、第一波、第二波……と増大・縮小を繰り返し、現在は第八波の波が猛威を振るっています。しかも、ウイルスの型が次々と変異していき、ワクチン接種といたちごっこを繰り返しているのが現状です。

私は、既に後期高齢者であり、基礎疾患のある該当者にもなっています。つまり、コロナ禍で死亡する確率の極めて高い部類の一員です。でも、『我が身の朽ち果ては、神のみぞ知ること』

と達観し、二〇二二年一二月、沖縄・あおぞらこども園の「表現活動発表会」に三日間「応援手入れ」に出かけて行きました。尤も、訪沖時の那覇空港でＰＣＲ検査を受け、沖縄滞在中はマスクを外さず且つ始終手の消毒をし、沖縄から帰っても仙台で即ＰＣＲ検査を受け……という行動でしたが。

兎にも角にも、今年度のあおぞらこども園はコロナ禍を上手くすり抜け、〝決して無理をせず、やれる範囲で！〟を合言葉に、保育士さんと子どもたちが「表現活動（言葉あそび・詩・構成詩、音楽劇）」に取り組んできたのですから、私の義侠心（奉仕の心・ボランティア精神）が大いに揺すられての訪問でした。

昨年度の「表現活動発表会」は、コロナ禍への対処・対応で精一杯の時であり、三才児のクラス（りす組）と四歳児のクラス（つばめ組）は音楽劇に取り組めませんでした。今年度も、コロナ禍が似たような状況でしたので、当初つばめ組とりす組は取り組みに迷っていたようです。それが、私の九月時訪問をきっかけに、保育士さんたちの腹が決まりました。〝歌だけでもいい。歌と科白だけでもいい。やれる範囲で、子どもたちと楽しんで取り組んでみよう〟とお互いに了解し合ったのです。また私は帰仙後、すぐ「歌とせりふはどの子も歌ったり語ったり出来るように練習して下さい。また、担任の保育士さんは脚本を離しても指揮が出来るように覚えて下さい」の手紙を送りました。（結果、国語辞典やおのまとぺ辞典で言葉を調べたり、図鑑や資料で関係する写真や絵を見つけたり、ペープサートを作ったり、保育士さん同士で何度も話し合ったりetcを例年になく重ねたようです。）

一二月七日（水）。「応援手入れ」の初日に、あおぞらこども園とあおぞら第2こども園のりす組（年少―三歳児）・つばめ組（年中―四歳児）・はと組（年長―五歳児）の取り組んできた様子を見せてもらいました。朝の九時半から午前中いっぱいの一二時過ぎまで、保育士さんと子どもたちが取り組んできた姿（二〇分×三クラス×二園）の連続でしたが、私には残り二日での手入れの課題を明解につかむことが出来た二時間半でした。

午後のミーティング（担任保育士と私との話し合い―正味一時間）の時に、私は〝りす組（三歳児――『おおきなかぶ』『てぶくろ』）とつばめ組（四歳児―『三枚のおふだ』『おむすびころりん』）の音楽劇は、「読み聞かせ」の形でやってみましょう〟と提案しました。というのも、一一月半ばに来た園から私への報告では、「りす組とつばめ組は、〈歌とせりふ〉の発表」と書かれてありました。つまり、動作や動きまでは手が回らないので……という意味なのでしょう。それで、報告を受けてから「何処を、どうすればいいのか」をずっと考えていたのですが、妙案がなかなか浮かびませんでした。訪問直前にようやく思い至ったのが「見てから考えよう！」だったのです。当日は、我が頭を真っ新にして子どもたちの姿を見ましたが、精一杯歌い・話す子どもたちの姿から、ようやく保育士さんと子どもたちが読み手になって〈親に読み聞かせる姿〉に思い至ったのでした。尤も、今まで何度も取り組んできた音楽劇とは違った今回の「読み聞かせ」方式には、無意識裡の伏線がありました。

　半月前の一一月一六日。NHK総合テレビで「夏井いつき　よみ旅　岩手―遠野編」という番組がありました。この番組の中で遠野の語り部をやっている年配の男性が、大先輩語り部（安部ヤエさん？）の言葉として〝語り部というものは、聴かせるのでなく、見せるものだ〟を紹介していました。その時は、「そんなものか」位にしか思いませんでしたが、あおぞらこども園で子どもたちの歌やせりふを聞いた時、咄嗟に「見える読み聞かせ」が脳裏を横切ったのです。それで、ミーティングの時に、担任の保育士さんたちに、〝観客である親に、話の情景が見えてくる「読み聞かせ」をしましょう〟となった次第でした。

　以下は、新たな試みである「読み聞かせ」方式へ取り組んだ結果の幾つかです。

○「立つこと」や「座ること」の間が場面転換を作り出す
　子どもたちは、担任の保育士さんから何度も絵本での読み聞かせをしてもらっていました。ですから、話の筋をよく知っていました。知っているだけでなく、保育士さんからの「読み聞かせ」で、幾度となくハラハラ・ドキドキを繰り返しては楽しんでいました。それが音楽劇での歌を覚えたことで、話の筋と曲の歌詞が一体化して「脳（情景・イメージ）＝身体のリズム」となって子どもたちの楽しさが倍加していきました。更には、せりふが加わったことで、子どもたちの脳内では「情景・イメージ（想像）→具体像へ」と移行し始めました。子どもたちは、この脳内の変化を直感的に面白がり、新たな楽しさを膨らまし始めたのではないでしょうか。子どもたちはこの新たな楽しさを知ったことで、楽しさを拡大させようとせりふを次々と覚えていったからです。

こうした保育士さんと子どもたちの取り組みを受けて、私の「応援手入れ」が始まりましたが、まず一番先に手を付けたのは、物語の場面々々をはっきりさせることでした。というより、私たちの取り組む音楽劇では、場面の変わり目には必ず音楽（歌や移動の曲）があり、その音楽に乗って場面転換を図るように構成されています。ですから、この時々の音楽（歌や移動の曲）を物語の展開に上手く活用していくことでした。でも、今回は「読み聞かせ」方式ですから、舞台を縦横に活用した動作表現や移動表現は出来ません。それだけに、担当保育士さん（指揮・ピアノ演奏・語りや動作表現）たちの連携が必須でしたし、何よりも指揮する保育士さんの子どもたちを「その気にさせる」技量と的確なタイミングの感得が不可欠でした。

例えば、『三枚のおふだ』にはこんな場面があります。

夜になって、小僧さんがおばばの家に泊めてもらいます。すると、夜中におばばが寝ている小僧の様子を見にきて、舌なめずりをしながら小僧のお尻を触ります。その時、通り雨が降って来て、おばばから逃げろと教えてくれたので、小僧さんは便所の神様から三枚のお札をもらってそろそろと逃げ出して行くのでした。

これを、子どもたちの覚えた〈歌とせりふ〉を生かして、観客である親に「場面が見える」

ようにするには、場面々々の明確な違いが表されなければなりません。つまり、子どもたちに「今、何をしているのか」が絶えず共有され、しかも子どもたちの気分の中に新たな場面が次々に湧き起こってくるようにならないと、観客には場面が見えてきません。でも、これは、簡単なこと。子どもたちが覚えた歌とセリフの財産を最大限に有効活用して、子どもたちを「ワクワク・ドキドキの世界」に引き込めばいいのです。

指揮をする保育士の妙子さんは、さすがベテラン保育士さんでした。おばばのせりふの一言一言に緩急をつけるだけでなく、年輪による情感たっぷりの語りで子どもたちを物語の世界に上手に引き込んだのでした。しかも、歌を歌う、せりふを言う、そして立ったり座ったりする等のタイミングを、子どもたちのワクワク・ドキドキ感を増幅するように指揮で表していったのです。

保育士の妙子さんは、後日次のような感想を書いてきました。

・今年は動きをいれず、歌と語りそしてセリフだけで進めていこうと取り組みました。もともと子どもたちの好きなお話で、日頃からおにごっこあそびやおいかけっこをして遊んでいたこともあり、一曲、二曲と、あっという間に歌を覚え、語りを担当したあさひさん（保育士）の部分もセリフと共に言えるようになっていました。約一週間前から子どもたちにも語りやセリフの部分を割り振り、手入れの日を迎えました。

今回は、①〝読み聞かせ（舞台を一冊の絵本にする）〟にして、歌とセリフでお話しを進める。②舞台いっぱいに子どもたちは広がらず、子ども同士の間隔を狭めて、一体になった方が良い。その方が、みんな同じ気持ちになって取り組める。③「間」はとても大切。音楽劇は動きがあるから「間」が作れる。④今回は、動きが無い分、テンポが長くなると隙間が出来てしまう。そこで話が途切れてしまわないように気をつける（テンポよくセリフをかけあう。隙間を作らない）。⑤場面を切り替える時には、一旦子どもたちを座らせる。⑥おばば役の私の役割は、子どもたちをその気にさせることが大切。とのアドバイスがありました。

発表会当日。『三枚のおふだ』では、あっという間にお話の世界に引き込まれ、少しずつ子どもたちの緊張が解けていく様子が分かりました。雨だれの歌でリズミカルに体を動かし、気持ちがグーッと高まった後に、一旦座る。そこで高まった気持ちが少しずつ落ち着いてきて、少し緊張感のあるおばばとのやりとりに入る……。（場面一つ一つを丁寧に作っていくことで、高ぶった感情が爆発せずに、又お話しの世界に戻っていった）。そのことが、「場面の切り替え＝子どもたちの気持ちの切り替え」にもなったんだと新たな気づきとなりました。

（以下略）

また、子どもたちの取り組みの様子を日頃から見ていた主任の仲里清美さんは、次のような感想を書いてきました。

・今回の表現活動では、〝保護者に、語り聞かせや読み聞かせをするような気持ちで表現するとよい〟という田中先生のことばを聞いて、絵本ならばことば（文字）と絵でもってその世界を伝えるが、音楽劇ではことばと歌と動きでもって相手に伝わるようにするということが腑に落ちたというか理解出来ました。だからこそ、ことばをただ本を読むように連ねて言うのではなく、どんな思いで言っているのかを考え、ゆっくり大きく言うとかイメージして言うなど、思いを込めて心のことばを表現しないと見る者に伝わらない。その時の動きや間が絵本の絵のように補う役になり、より物語の世界、情景が見えてくることになるということが実感できました。場面が変わる時、移動したり、一旦座ることでメリハリが出、気持ちの切り替えにもなるとのことでした。絵本で言えば、ページをめくることなのだと分かりました。

はと組（年長・五歳児）の『大工と鬼六』での対話の場面では、大工のことばに対して鬼六がゲタゲタ笑う所で、間があったら繋がらずにおかしくなるので、すぐ反応して笑うようにするとよいとの助言がありました。そのためには、大工は鬼の「ゲタゲタ」が繋がるようゆっくりと言うとよいとのアドバイスで、見事に観ている者に大工と鬼のやり取りが見えてきたと思えました。

（以下略）

○「みんなといっしょ」感が表現の世界へ誘う

子どもたちは、コロナ下で暮らしているとどうしても「その日暮らし」や「孤立したバラバラの暮らし」になりがちです。そんな中で、子どもたちに安全・安心を作り出し、子どもたちの成長・発達を保障していくことは並大抵のことではありません。こども園という形で親の信頼を一身に受けながら、絶えず自身の感染を防ぎつつも少しでも子どもたちの成長・発達を願って日々の活動を続けている保育士さんに、本当に頭が下がる思いでいっぱいです。

私が「表現活動（音楽劇）」のボランティア活動で関わっている沖縄・あおぞらこども園とは、関わり出してから一五年目になります。でも、何時の時も「みんなといっしょ」感を大事にしてきました。というのも、この「みんなといっしょ」感とは、子どもたちの中に生じるお互いの信頼感であり、お互いの一体感というものです。それを、表現活動（音楽劇）に取り組むことで、子どもたちの中に〈育み・育てていく〉ということでした。この「みんなといっしょ」感は、新たな「読み聞かせ」方式の取り組みで、改めて再認識することが出来ました。

今回りす組（三歳児）が取り組んだ音楽劇は、あおぞらこども園が『てぶくろ』（ウクライナ民話）、あおぞら第2こども園が『おおきなかぶ』（トルストイ再話）でした。コロナ禍に巻き込まれながらも、何とか子どもたちに歌とせりふを覚えてもらいましたが、そこまでで精一杯でした。だから「読み聞かせ」方式に切り替えたのですが、子どもたちは集中力を欠いて、落ち着いて歌を歌ったりせりふを言ったりがなかなか出来ませんでした。そこで一計を案じ、椅子に座っての「読み聞かせ」にしたのです。しかも「注意の圏」（※スタニスラフスキィ・システムの用語―拙著『幼児教育と音楽劇』に詳説）を十分に考慮して、広がらず・狭まらず・指揮者と繋がれる範囲の中に子どもたちの椅子（長さが一m位の上がり台。日常的に様々の活動で使用していた。一台に四~五人が座れる）をグループに分けて置きました。そして、演技の役割毎に自分の居場所を決めたのです。そうすると、舞台いっぱいに広がった時とは違って、１／３位のこじんまりとしたまとまりになりましたが、それぞれの居場所が明確になったまとまりになりました。

そうして、保育士さんの指揮に合わせて、子どもたちは立って歌ったり、座って他の子の演技を見ていたり……を繰り返しながらお話を進めていきましたが、りす組（三才児）の子どもたちには、自分の役割と他の子の役割の区別を十分につけられないようでした。他の子が歌ったり語ったりしていると、自分は関係ないとばかりに遊び出したり、隣の子にちょっかいを出したりするのでした。

そこで私は、〝みんなも、一緒に歌ったり言ったりして下さいね。でも、歌ったり言う人が決まっているのだから、その人を応援するように優しく歌ってね。〟と新たな注文を出してみました。すると驚いたことに、一緒に歌いながらもそれぞれが自分の声でそっと歌い出したのです。三歳児の子どもたちが、私の声掛けに即反応し、しかも出番のグループが目立つように控えめに歌い出したのでした。子どもたちが遊び出したり、ちょっかいを出したのは、「自分も一緒にやりたい」「自分も同じことをしたい」等の気持ちを満たしてもらえずにいた率直な反応だったのでしょう。ただ、みんなが同じことを同じようにやっただけでは何の変化も起こらず、子どもはすぐに「馴化」してしまいます。でも、三歳児の子どもなりに納得・了解し、併せて新たな挑戦課題を目の前に提示されると、子どもたちは前に進み出します。そのきっかけが〝みんなも、一緒に歌ってね〟だったのでした。

当然、それに呼応するように分担担当の子どもたちも張り切り出しました。「自分はぴょんぴょんがえるだ」「私はおしゃれぎつねよ」「おれはのっそりぐまだ」と宣言し出したのです。『おおきなかぶ』でも同様でした。待ってましたとばかり、まごやいぬ、ねこ、ねずみが、観客の親に向かってそれぞれが高らかに「うんとこしょ。どっこいしょ」と、指揮する保育士さんと一体となって声を出し、最後には抜けた姿を一斉に演じたのでした。

初めて表現活動に取り組んだ保育士の菜美さんと有咲さんは、次のような感想を書いてきました。

・今回、初めての表現活動でした。『てぶくろ』の指揮をしましたが、息を吸わせる所が難しく、なかなか合わずとっても大変でした。歌やせりふを覚えるのも時間がかかり、なかなか覚えられませんでした。子どもたちは覚えるのが早く、助けられました。発表会三日前に田中先生が来園し、見てもらい教えてもらいました。動物に分け、せりふを言ったりと色々変わりましたが、子どもたちはすぐにそれを覚え出来ていたので、子どもたちの力ってすごいなーと思いました。集中力もついて、しっかり大人の目を見ることが出来るようになりました。表現活動の時だけでなく、他に大人が話をする時にも、すぐに目を見て話を聞けるようになっていて、すごいなーと思いました。本番では、ちゃんと大きい声で、合図もしっかり見て、息を吸って言っていたので、本番に強いなーと感じました。

・初めての表現活動の取り組みでした。子どもたちにどう伝えたら伝わるか、とても難しかったです。息づかい、呼吸、大人との指揮のタイミング。何回もやっていくうちに、少しずつですが出来るようになってきました。（中略）

『おおきなかぶ』では、構成を楽しく変えてもらい、とても勉強になりました。役をもらう事で嬉しそうな子どもたち。二日前に学級閉鎖（注—熱のある子が登園し、何人かの子どもが急遽PCR検査を受けることになった。結果は明日とのことで、結果が分かるまでの翌日は、学級閉鎖に。結果は陰性で、翌々日に再開した）になってしまい、一日しか練習が出来なかったけど、発表会当日は、楽しんでそれぞれ役になりきってやっていて、終わりには「楽しかったー！」という声が聞こえました。日々の積み重ねがあったからこそ出来たことで、日常の瞬間々々に伝えていくことがどれだけ大切なのか、改めて気づかされました。

○ 科白と動作を分けると、情景が見えてくる

今から四〇年近くも前のことです。宮城・埼玉・千葉の教師が集まって『アンサンブル・とどろき』という表現の勉強会を始めたことがあります。その時、野村万作さんに来てもらって「狂言の世界」を学ぶ機会がありました。場所は、埼玉・草加市の青和幼稚園です。子どもたちのいない日曜日の午前。たかだか二〇数名の青年教師の集まりに、万作先生は、わざわざ電

車に乗って草加駅までやって来てくれたのでした。
万作の会の広報誌『よいや・よいや』の四八号に、万作先生の卒寿記念のメッセージとして、当時の様子を書いた拙文が載りました。

今から三五年ほど前の日曜日。万作先生から、私たち（教師・保育士・大学教官）二〇数名に「狂言の世界」の話をしてもらいました。大宮で観た『子午線の祀り』で義経役を演じた万作先生の声の明快さ・明晰さに驚き、感激したからです。でも、一〇分も正座をしたことのない連中の集まりです。『花の袖』の謡で、万作先生が「あ～～～わーれーえ⤵」と謡った後、〝はい、やって下さい！〟と言われたら、皆息を吸うのも忘れて、ぽかんとしているだけでした。そんな私らでも、心身を無にして「狂言の世界」に学ぶ覚悟が出来た一瞬でした。万作先生の姿・行動が、今でも私らの背中を押し続けています。唯々、感謝していま
す。

この時の私らは、狂言のみならず、能や歌舞伎の世界をも全く無知の状態でした。それにも関わらず〈知りたい〉のみでの突撃依頼でした。でも、万作先生の善意としか言いようのない行動のお陰で、私の中に万作先生の言葉、〝狂言の世界では、言葉と動きを別にするのです。例えば「月を見たり」と言えば、普通は「月を見たり」と言いながら目で月を追うのですが、そしてそれがリアリズムに近いのですが、狂言では「月を見たり」と言ってから、身体を月に向け、それから顔・目で月を見るのです……〟が、四〇年後の現在まで、ずっと残り続けたの

です。

　あおぞら第2こども園のつばめ組は、『おむすびころりん』に取り組んでいました。この『おむすびころりん』のお話は、おじいさんが食べようとしたおにぎりを落としてしまうところから、話が大きく展開していきます。今まで取り組んできた音楽劇『おむすびころりん』では、おじいさんがおにぎりを落とすと同時にピアノの曲でおにぎりが転がっていく動きになります。そして、おにぎりが穴に入ると「おむすびひとつ　ころりんしゃん……」の歌に続きます。

　でも、今回の「読み聞かせ」方式では、おにぎりの転がる様子が有りません。指揮をする保育士の梓さんが「さて、いただきましょう」とのセリフを言いながらおにぎりを落とす動作をしても、子どもたちの歌う「おむすびひとつ……」の歌と上手く繋がっていきませんでした。また、ピアノを弾く保育士の綾圭さんも上手くタイミングが取れず、何となく弾いているだけでした。

　それで、私は指揮をする保育士の梓さんに、〝「さて、いただきましょう」と言ってから、食べる動作をする。そしてから、おにぎりを落として！〟と注文をかけましたが、梓さんには意図することが通じなかったのでしょう。梓さんは、食べながら落とす動作を繰り返すのでした。二度、三度と繰り返しては私に駄目を出されるうち、四度目にようやく意図する意味が通じたのでした。この時、子どもたちは、梓さんと私のやり取りを固唾を飲んで見ていました。また、ピアノ担当の綾圭さんもじっと見ていました。それで、梓さんが「さて、いただきましょう」と言ってから、おにぎりを掴んで口に持っていき、食べようとした瞬間におにぎりを落としてしまう動作をすると、すかさずピアノの「タ　タ　タン　タン」が入り、子どもたちが「おむすびひとつ……」と一斉に歌い出したのです。一発で、指揮・ピアノ・子どもたちがそろった瞬間でした。

この時のことを、保育士の梓さんは次のように感想で書いていました。

・表現活動をやるにあたって、意気込むのではなく、大人自身が楽しめばいいんだと感じ、今回の取り組みでは、いろんな方法を取り入れたり、私が体を動かして子どもたちが楽しくできるようにと取り組んだ。しかし、みんなを楽しく巻き込んでいくのは中々出来ず、今回も難しさを感じた。

田中先生が入ると、田中先生の話は引き付けられるように聞いていた子どもたちだったので、たんたんとお話しするのではなく、いろいろと変化をつけた話しの仕方が大事と感じ、セリフの言い方に変化をつけてみたりしたが、ただただ私だけが演じれば子どもと繋がる事ではないということだった。セリフと語りを入れたり、はぶいたりしながら、変化をつけて子どもたちとの繋がりが取れるようにしていく。そして、セリフを言ってから動作を入れる。その時に、子どもと指揮が繋がり直しをする時と学んだ。また、セリフを言っている子が目立つように、周りの子を座らす等、いろんな面から変化をつけることで、子どもと繋がる手口になると分かり、今回もたくさんのことを学んだ。

こども園（保育園・幼稚園・学校も同様）で音楽劇に取り組む時、保育士（教師）は卓越した演技が出来たり、朗々とした素晴らしい声の持ち主である必要はすこしも有りません。演じたり、表現するのは子どもたちなのですから。つまり、何時でも主役（アクター・表現者）は子どもたちであり、保育士（教師）は、子どもたちが主役（アクター・表現者）となって精一杯演じられるよう、あくまでも支え役（黒衣・補助者）に徹し、子どもたちの表現が「生命のリズム」を醸し出して演じられるように育てていくことが仕事・役割になります。尤も、だからと言って、「子どもの自主性」との体の良い言葉で「子ども任せ」にして漫然と同じ生活パターンを日々繰り返していたのでは、何時まで経っても「専門家としての保育士（教師）」「プロの保育士（教師）」に近づくことが出来ないのは言うまでも無いことです。

今回の訪問で、私はミーティングの時に、私の演じた狂言『雷』（※取り組んだ時の記録は、拙本『趣味に生きる教師』一莖書房刊に記載）のDVDを観てもらいました。例年ですと、訪問の度毎に毎回一～二時間の研修の機会を作ってもらっていたのですが、今回はコロナ下ということで「研修会は無し」になっていました。それで、何とかミーティングの時間に『雷』（一五分）のDVDを観てもらったのです。私は、このDVDを観ることで「師匠（保育士）と弟子（子どもたち）の関係」を知ってもらいたかったからでした。

私が国立能楽堂での発表会で演じた狂言『雷』は、当初私が雷役で、兄弟子の中野さんが藪医者役になって稽古を重ねてきました。でも、発表会当日、中野さんが急遽出られなくなり、私らの先生である石田幸雄師が藪医者役で舞台に出ることになったのでした。

狂言『雷』の内容については省略しますが、ＤＶＤの『雷』には、プロの狂言師である石田幸雄先生に、素人弟子の私が演じる程に雷役に追い込まれていく様子が、映像に赤裸々に表れています。別言すると、師匠が弟子をその気にさせて、それが弟子の演技に現れてくるよう、観客と弟子を巻き込んで、杭を打つように軽妙且つ的確な演技を石田幸雄先生が示してくるのでした。つまり、石田幸雄先生と弟子の私が示している姿や関係は、音楽劇での「保育士と子どもの関係」そのものだと言えます。

今回は、「読み聞かせ」方式の形で音楽劇に取り組んでもらいました。でも、「読み聞かせ」は動作や動きが無いので、取り組みが容易だろう……では全くありませんでした。そのレベルレベルで、幾らでも内容深く、豊かで楽しい「読み聞かせ」になることが分かりました。まさに、保育士（教師）次第で、子どもたちは大人の予想を超えて無限に広がり、豊かになり、深まっていくことが実感できた「応援手入れ」でした。

音楽劇『かえるのつなひき』外伝

二〇二三・二・一八（『事実と創造』八月号掲載）

九年前に、一七人の仲間（元教師、現教師、保育士、主婦等）と『カエルのつなひき』（儀間比呂志作・《こどものとも》傑作集）を脚色した時には、私らには「どんな表現活動が起こってくるのか」がまるで見えずにいました。それでも、沖縄・勢理客保育園やあおぞらこども園・あおぞら第2こども園が取り組みを繰り返してくると、子どもたちの音楽劇『かえるのつなひき』を一層楽しむための課題や姿が、具体的に見えるようになってきました。

ここでは、音楽劇『かえるのつなひき』外伝として、その幾つかを述べてみます。

①「雷」の役割は、場面を一変させること

『かえるのつなひき』では、起承転結の「転→結」に変わる役割として、雷の登場があります。つまり、—かえるの大群が東西に分かれて綱引きをする姿に、見物していた村人たちが面白がって大喜びするだけでなく、天上から見ていた雷も大笑いして嬉しがり、思わず雨を降らせるのでした。—というものです。

この場面を脚本では、綱引き後に、

歌（M5）　よろこぶ　かみなり
　　　ぱんない　ぱんない　たいこをたたく
　　―かみなりの声「わっはっはっはー　これはおもしろい。それっ！」―
　　　ぴかっ　ぐわらーん　ぐわら　ぐわら　ぐわらー

と歌って、雨が降ってくる場面に移っていきます。でも、この場面展開を簡単に素通りしてしまうのではなく、凝縮して構成しないと「転→結」になりません。そのためには、雷役の子が歌に合わせて動くだけでは、〈ハラハラ・ドキドキ〉と〈ああ、よかった！〉の世界を舞台上に作り出せません。意表を突いた破天荒な雷の演技・役回りが必要でした。

それで、今回（2022.12.9 表現発表会）は、事前に見せてもらった音楽劇『かえるのつなひき』のミザンセーヌに対して、担任保育士の裕子さんに、

この音楽劇（素材）に内在する「面白さ」「魅力」が感じられませんでした。端的に訊きます。〝貴方は、このお話の何が、あるいは何処が面白いのですか？〟と。

このお話の中から具体的に「この姿のここ」「この関係のここ」「この場面のここ」等をつかみ出して下さい。その「面白さ」「魅力」を子どもたちと共有していくことが、「読み聞かせ」であり、「歌を覚える」であり、「せりふを覚える」や「動きを作る」ことになります。自分で漠然としか、あるいは「面白い！」「魅力的！」と思える具体的個所が無ければ、その音楽劇（素材）は教材になりませんので。

私の勝手な意見を言いますと、私の感じる「面白さ」「魅力」は、―取るに足らない（と思われている）カエルが、知恵を絞り、協力・団結して、上位・上等の（と思われている）人間どもを魅了・驚愕させ、更に上級・天上の（世界に居ると思われている）雷までも引き込んで、恵みの雨を降らせてしまう奇想天外なお話―　です。しかも、これは〈子どもたちにとっては、「あははは」であり、「ドキドキ」であり、「よかったぁ」になる〉と思っているからです。

との注文をつけました。

私からの勝手な注文を受けた裕子さんは、大いに悩み苦しんだようです。でも、私が「応援手入れ」に入った（2022.12.6～8）時には、歌詞に引きずられることなく、破天荒な雷役を生み出していました。

発表会当日。観客の親は音楽劇に引き込まれ、〈ハラハラ・ドキドキ〉を体感し、〈ああよかった！〉や〈ああ面白かった！〉を共有してくれたのでした。

②　子どもにも出来る「体づくり」のこと

小学校の体育では、教師の教材観（体育観）にもよりますが、「かえるの足打ち」や「かえるの逆立ち（かえる倒立）」、「かえるとび」に取り組むことがあります。これは、体操の技と言えるほどの技ではありませんが、子どもたちにバランス感覚や調整力・集中力・瞬発力等を育てるのに極めて有効な手法です。しかも、すぐには出来るものではないけれど、時間をかけて取り組んでいくとどの子も必ず出来るようになる技です。

この「かえるの足打ち」「かえるの逆立ち」「かえるとび」を、音楽劇『かえるのつなひき』の綱引きをする場面で、綱引きの準備運動の姿として取り入れてきました。

これら三種の技は、年長とはいえ五歳児の子どもたちにとって気軽に出来る技ではありません。当然、担任の保育士さんは、三ヶ月近く前から子どもたちと少しずつ丁寧に取り組んでこなければなりません。でも、このことは、保育士さんに「見通しをもって取り組む」姿勢を余儀なくしましたし、何よりも子どもたちに少しずつながらも出来るようになっていく喜びを実感させていきました。

「かえるの逆立ち（かえる倒立）」とは、肩幅に開いた両手を床に着き、その両手を足代わりにして、両手に縮めた身体（頭・胴体・腰・足）を載せてバランスを取るしぐさです。両手に身体を載せるためには、縮めた身体と脇を絞める形が取れなければなりません。しかも、手が足になるためには、5本の指を十全に働かせ、床をつかむようにして身体を支えなければなりません。この身体の連動と一体化を瞬時に出来ないと、「かえるの逆立ち（かえる倒立）」は出来ないのです。でも、要領が分かってくると、腕立て伏せが2回ぐらい出来る子なら、どの子も出来るようになる技です。

また、「かえるの足打ち」とは、倒立の状態になって、手拍子のように両足裏を打ち合わせるしぐさです。尤も、体操の技のように、両手で身体を一直線に支える必要はありません。両手に身体を載せるのと、両足裏で叩くという二動作が出来ればいいのです。尤も、両腕に身体を載せるバランス感覚と足裏を打つということが連動して行えないと、「かえるの足打ち」のしぐさは成立しません。しかしながら、これも「かえるの逆立ち（かえる倒立）」が二〜三秒出来る子なら、誰でも出来るようになる技です。

そして、「かえるとび」とは、かえるのように縮めた体から両足でぴょんと前に跳んで、一瞬空中に浮いてから、両手・両足で前に着地するものです。この跳んだ時、一瞬でも空中に体を浮かすことが要になります。要領が分かってくると、空中姿勢を取ったり、一m以上も遠くへ跳んだり、連続して何回も跳べるようになります。

これら「かえるの逆立ち」「かえるの足打ち」「かえるとび」が出来るようになってくると、子どもたちの身体にバランス感覚や調整力・瞬発力・持久力等が飛躍的に育ってきます。そして、付随するように物事に対する集中力や持続力までもが育ってくるのです。ただし、子ども自身に取り組むことへの挑戦意欲や、出来るようになることへの面白さ・楽しさ・喜びと言ったものが沸き上がってくることが必要十分なことは言うまでもありません。また、子どもたちと取り組む担任保育士さんが、子ども観や指導観、教材観等と密接不可分のことに気づいてきます。

私たちが取り組んでいる音楽劇は、決して俳優や体操選手、バレリーナ、声優、歌手等々を育てるものではありません。あくまでも「子どもの成長・発達」を保障し、どの子も「納得と了解」をしながら、多くの子と関わる中で自分の能力を芽生えさせ、未知の世界に挑戦していくことに意義があります。当然そこには、子どもを育てていく、つまり幼児教育の意図的且つ企図的な取り組みが必須不可欠になってきます。

③ 助数詞と「遊び心」のこと

助数詞とは、数字の後に着けている「枚、本、匹、冊、着、巻、杯、台……」等の語です。1g、2m、3ℓ等の「g」「m」「ℓ」の文字とは違います。「g」「m」「ℓ」は、助数詞とは違って、単位を表す記号だからです。

今から半世紀以上も前、遠山啓さんは算数・数学教育の在り方を見直し、具体物から数を一足跳びに抽象するのでは無く、〈具体物→量→数〉と、具体物と数の間に「量」を介在させる必要性を主張して「量の理論」を確立しました。そして、有志の教師たちとタイルを使っての実践で「量の理論」を次々と証明していきました。そのことが、戦後の民間教育運動を牽引していったのは、今は昔の語り草になっています。

私も新任教師の頃、タイルを使っての算数の実践に夢中になったことがありましたが、その実践の支柱に「量の理論」がありました。その具体例の一つに「助数詞を付けて立式する」があったのです。つまり、問題場面から「2＋3＝5」と数字のみで立式するのではなく、「2枚＋3枚＝5枚」や「2本＋3本＝5本」と助数詞をつけて立式してもらうのです。「2」や「3」、

「5」の数字を並べる前に、〝どんな2なの？〟や〝何を表している2なの？〟を丁寧に扱っていくことをしないと、子どもたちの脳内での「具体↓抽象」のプロセスが薄っぺらになる気がしたからです。ですから、半具体物のタイルの活用だけでなく、立式での助数詞の扱いも大事な授業のポイントになっていました。

私と算数・数学教育との関わりは、斎藤喜博さんからの音楽劇の「手入れ」に出会うことで、疎遠になっていきました。「表現活動」にも大変な教育課題が潜んでいることに気づかされ、〝本腰を入れて「表現活動」の勉強をしなければ……〟と覚悟を決めたからです。

それが、校長職に着き、校長室で「算数特訓教室」（該当児は、学力不振で担任教師にもて余されていた子）を始めた時、本人の納得とは無関係に、式や計算を注入され続けてきたことが「算数嫌い」の最大の因と改めて知らされました。それで、私の中に算数教育の再勉強が蘇ってきたのです。

再勉強の一つとして、『数え方の辞典』（飯田朝子・町田健著　小学館刊）を読んでいた時のことです。「はじめに」の部分に、

日本語でものを数える際、原則として助数詞や単位が必要になります。（中略）日本語の数え方―特に助数詞―は、話し手が数える対象をどのように捉えているかを写しだす〝鏡〟のような役割があります。例えば、犬を「匹」で数えるか「頭」で数えるかによって犬をどうとらえるか違ってきます。人間は「人」「名」「氏」などで数えますが、その数

え方で人間の捉え方の違いを反映させることができます。もし、このような区別を無くして限られた種類の助数詞だけで数えたら、さぞ簡単で便利でしょう。しかし、それは、日本語の話し手が数える対象をどのように捉えているのかを映し出す大切な〝鏡〟を曇らせてしまうことになるのです。

と書かれてあって、私の助数詞の捉え方に新たな考えが湧いてきたのでした。つまり、助数詞は、数が抽象されるまでの前段階という捉え方だけでなく、個々の個体の質の違いを意味しており、中国の漢字文化の影響と無関係ではなかったのです（中国の漢字文化では、助数詞の一つ一つが厳密に区別されているとか）。そんな助数詞を楽しんで使えたら……が、音楽劇『かえるのつなひき』に取り組んだ時、私の脳裏にふっと浮かんできたのです。

音楽劇『かえるのつなひき』の手入れに入った時のことです。綱引きの準備運動として「かえるの逆立ち」「かえるの足打ち」を子どもたちが交代で演じていた時、指揮をする保育士さんが、「よーい、スタート！　いち、に、さん……」と声をかけていました。それで、私が、せっかく声を掛けるのだからと、「よーい、はじめ！」と言ってから、〝みんなに、かえる語を教えるよ、かえるさんは、一ケロッ、二ケロッ、三ケロッ、……と数えるんだよ〟と遊んでみました。かえるが数えたりするかどうかは知りません。ましてや、一ケロッ、二ケロッなんて言うのかどうか。でも、それを聞いた子どもたちは、思わずにこにこして「いちケロッ」「にケロッ」と鳴きだしたのです。子どもたちが、一層「かえるの世界」を身近に感じた一瞬でした。

音楽劇に取り組む時、保育士さんと子どもたちの間にこんな「遊び」があってもいいのではないでしょうか。子どもたちが小学校に上がった時、数や助数詞を習います。その時、こんな遊びが豊かな土壌になるかも……と思えた私の「遊び心」でした。

④ 曲『ニライカナイ』を序曲にすること

音楽劇『カエルのつなひき』は、脚本中の七曲を和泉耕二さん（大阪音楽大学名誉教授　元副学長　日本現代音楽協会会員・日本作曲協会会員）に全曲作曲してもらいました。拙本『生き方考』に共感したとのことで、一切無償で作曲してくれましたが、その時『ニライカナイ』という情景曲もプレゼントしてくれました。〝沖縄の子どもたちや親の心に届けたい……〟と言うので、「何とか活用できないものか」と考えていた時、思いついたのが音楽劇『かえるのつなひき』の序曲に使ってみたら…との考えが浮かんできました。

序曲とは、『新音楽辞典』（音楽之友社刊）によると「オペラ、オラトリオ、バレーなど大規模な劇場的な作品のはじめに演奏され、導入の役割を果たす管弦楽曲」と書かれてあります。でも、私らの取り組む音楽劇は、「衣装無しでの、出ずっぱり」で、ピアノのみの演奏です。何よりも、演じる子どもたちは俳優や踊り手・歌手・選手を目指して取り組んでいるわけではありませんし、『新音楽辞典』に表される存在では毛頭ありませんでした。

それでも、私の脳裏には、現職教師の教務主任時代に、宮城・万石浦小学校で四年生と六年生の子どもたち一八〇名と取り組んだ音楽劇『七勾堀』が浮かんでいました。この音楽劇『七勾堀』は、「江戸期に、地元の万石浦で塩田開発をした時に、野鳥との共生を進めた」ことを題材にしたものです。その素材を同僚教師六名で脚色し、杉山義隆さん（教師四年目）が作曲を一手に引き受けて、一ヶ月半で脚色・作曲が出来上がったものです。その時、歌詞の作曲だけでなく、前奏の曲も作曲してくれました。彼氏は、担当している音楽クラブ（ブラスバンド演奏部）の子どもたちも何とか参加させたいと願ったからです。その結果、音楽劇が始まる前の二分半ほどの短い演奏でしたが、この演奏で音楽劇『七勾堀』の厚みが一層増したのでした。

和泉耕二さんが作曲してくれた『ニライカナイ』は、一分ちょっとの短いピアノ曲です。それでも、〈豊かに澄んだ沖縄の海に、はるか遠くから幾度となく波打ってくる様子〉が感じられる曲でした。この「ニライカナイ」の語は、「海の彼方にあると信じられている理想郷」（『沖縄語辞典』研究社刊）との沖縄方言です。でも、拙本『続・生き方考 236』にも書いたように、常世神信仰として東北にも通じる語です。ですから、音楽劇『かえるのつなひき』での前奏に使うことは、見ている観客の親と演じる子どもたちが、同じ世界を共有していることを実感するのに最適だと思ったのでした。

梶山正人さんが作曲した音楽劇の数々（『かさじぞう』、『てぶくろを買いに』、『大工と鬼ろく』、『泣いた赤おに』、『はだかの王様』、『みにくいあひるの子』、『火い火いたもれ』等々）には、前奏・序曲にあたる曲は一切ありません。オペラのような大作劇では無かったからかも知れませんが、声楽を専門にする梶山正人さんと作曲を専門にする和泉耕二さんの「思いの違い・姿勢の違い」なのかも知れないと思いました。

梶山正人さんの作曲した音楽劇は、子どもたちの「生命のリズム」を掻き立て、演じ・歌う子どもたちが輝き出すという曲の数々でした。もしかすると、梶山正人さんは音楽劇の作品性よりも、生きて輝くこどもたちに全力投球をしたかったのかもしれません。今となっては、確かめる術は有りませんが……。

ともあれ、『ニライカナイ』の曲を序曲・前奏曲として位置づけ使ったことは、私の「遊び心」です。演じ歌う子どもたちと観客の親が、共有・共通の世界を作り出せたら……と願ったのですが、五年も続けて取り組んできて、何時の時も、正解でした。

Ⅲ

絵本『あんぱるぬゆんた』の脚色化展望
（五年後の脚色化を目指して）

二〇二三年二月十六日付で、沖縄・あおぞらこども園長・仲原りつ子さんより、体調不良で自宅で静養しながら絵本『あんぱるぬゆんた』を読んでみて、「『かえるのつなひき』のように、音楽劇にできないかなと思っています。御検討をよろしくお願いします。」の一文が届いた。そして、その一文と一緒に、銀河社発行の絵本『あんぱるぬゆんた』のコピー（※既に絶版になっていて、入手出来ない状態になっていた）と、沖縄タイムスでの「第四三回出版文化賞」を受賞した記事が送られて来た。

私は、絵本『かえるのつなひき』（儀間比呂志作　福音館「こどものとも」傑作集）を沖縄の皆さんと脚色した経緯があったので、「もう一つくらい皆さんと脚色したいもの……」と思っていた時だったので、素材になる作品を捜していた。それで、早速絵本『あんぱるぬゆんた』を読んでみた。一読して、第一の印象・感想は「これは、大変。でも、面白い！」だった。それで、次のような返事を送ったのだった。

あおぞらこども園　　園長　仲原りつ子様

絵本『あんぱるぬゆんた』が届き、早速読んでみました。一読して、大変面白く感じました。絵本全体に、沖縄（八重山）の風土が満ち溢れていたからです。でも、園長さんの手紙に「『かえるのつなひき』のように音楽劇にできないかなと思っています。御検討よろしくお願いします」と書かれてあって、「どんな風に出来るのか?」をずっと考えていましたが、能力と教養不足により、なかなか妙案が浮かんできませんでした。

で、四日間かかってようやく結論が見えましたので、ご報告いたします。結論から言いますと、《今の私たち(私+こども園の職員+保護者+有志)の力では、無理》ということです。

もしかすると、美濃保育園なら出来るかもしれません。美濃保育園での音楽劇の取り組みが、〈ステップを介しての「舞踊表現」から、古典バレーとは違うコンテンポラリィ・ダンス(現代舞踊)へと傾斜している〉と思えるからです。しかも、美濃保育園には、大学関係者や退職教員の方々が定期的に入っているようですから、脚色化へのスタッフは十分でしょう。ただ、そうして出来上がったもの(子どもたちの表現)は、『あんぱるぬゆんた』という沖縄素材ではあるものの、沖縄の人たちからすれば、「似て非なるもの」と感じるでしょう。沖縄方言満載でありながら、身体の動きや歌声・台詞回しが洋化した形やしぐさで表されるだろうからです。

以下は私個人の考えですが、参考までに「無理」な理由を述べてみます。

絵本『あんぱるぬゆんた』を読んで、一番先に〝これには、「ドラマ」が無い!〟と思いました。「ドラマ」とは、日本語で言うと「劇」のことです。私とあおぞらこども園・あおぞら第2こども園の皆さんと取り組んできたものは、「音楽劇」です。オペレッタやミュージカルではありません。つまり「音楽劇=音楽+劇」のことであり、音楽をベース(土台)にして劇活動を行うものです。身体表現活動が、劇活動での取り組みだと子どもたちの「身も・心も・脳みそも」耕し、育て、そして発達していくように保障していけることが分かったからです。（相方の文屋國昭さんは、「ことばあそび・詩・構成詩」の世界でも、工藤直子さん・まどみちおさん・谷川俊太郎さんの詩だと出来そう……と、挑戦してきました。）

「劇」とは、「起承転結」や「序破急」の形に構成されたものです。別言すれば、出来事をただ並べただけでは「劇」になりません。そこに「ドラマ」が無いと劇にはなりません。簡単に言うと、「ハラハラ・ドキドキ」があって、「えーっ、どうなるの?」から「ああ、よかった」に展開・収束していきます。

例えば、はと組さんが毎年のように取り組んできた『おむすびころりん』で言えば、「起」はおじいさんの柴刈りの様子であり、「承」はおむすびを穴に入れる様子であり、「転」はおじいさんが穴に落ちてネズミたちに歓迎される様子であり、「結」はお土産をもらって家に帰る様子になります。

また、りす組さんが取り組んできた『てぶくろ』を「序破急」で仕分けすると、「序」はおじいさんがてぶくろを落として行ってしまうところであり、「破」はネズミからクマまでがてぶくろに潜り込むところで、「急」は犬に吠えられて動物たちが逃げ出すところになります。

こういった「ハラハラ・ドキドキ」や「えーっ、どうなるの?」があって、「ああ、よかった」の形に落ち着かないと、劇になりません。物語の展開やそれぞれの場面が色とりどりで面白くても、物語の中にドラマが無いと劇にはならないのです。

絵本『あんぱるぬゆんた』は、「起」の部分に「役人の無慈悲さ」が表されています。それが「ひゃくしょうはかんがえた。わしらはもうけっしてにげない。八重山がにをみならって……」と「承」に入っていき、様々のカニが役割分担をして出てきます。そして「結」の「生年祝」へとなりますが、全文を通して私には「ハラハラ・ドキドキ」が起こりませんでした。私の感受性の悪さ・鈍さなのかも知れないので、是非園長さん他皆さんの感想・意見を聞かせてもらいたいところですが、私自身はそうでした。

では、冒頭に書いたように、私には何が面白かったのか。それは、「ハラハラ・ドキドキ」はしなかったものの、「ワクワク・ドキドキ」したことです。つまり、〝この次に、何が出て来るんだろう?〟、〝えーっ、いろんなカニがいて、それぞれ活躍している!〟とページを括るごとに楽しくなってきたことでした。そうして、〝その感覚は、どうして起きたのだろう?〟と考えた時、絵本の中の「絵」に起因していると知ったのです。ページを彩る様々のカニたち。これらのカニたちが、八重山の人たちの生活感覚と重なって、私を魅了したのです。

だとすると、八重山の人たちが自分たちの暮らしや生活を、カニに投影してカニと一体化する想像力の逞しさや面白さ、そして八重山の生活や暮らしから培われた優しさや支え合い等々を音楽劇にするには、「沖縄のことをほとんど知らず、ましてや八重山地方のことをまるで知らない私の力量では、確実に無理」と知ったのです。

でも、様々のカニをモチーフにして、各種カニの舞踊表現を主にした音楽劇なら、何時か作れそうです。「ハラハラ・ドキドキ」ではなくとも、「ワクワク・ドキドキ」を狙った音楽劇にするのです。尤も、沖縄方言（八重山グーチ？）満載で、「網張ぬ目蟹ゆんた」の節をこども用にアレンジした曲をカニの数に合わせて変奏曲に出来る作曲者の技量が必要になりますが。

つまり、『三枚のおふだ』『くつやと小人』『大工と鬼ろく』『泣いた赤おに』『かさじぞう』『虔十公園林』等々といったドラマ仕立ての音楽劇ではなく、舞踊表現中心の音楽劇にするのです。私の音楽劇への構想には、ドラマを柱にした音楽劇だけでなく、舞踊を主にした音楽劇や、語りと動きだけの音楽劇、体操的な動きがメインの音楽劇があってもいいのではないかと、「身体表現活動→音楽劇」を考え始めた頃からずっと思ってきました。

だから、この『あんぱるぬゆんた』も、カニの様々な動きを楽しむ音楽劇なら脚色してみるのも面白そう……とも思っています。その時、多分、カニを演じる子どもたちの動きは、琉球舞踊の形というよりも、琉球空手の様々の型を模したものになるのではないでしょうか。（※勢理客保育園で『おむすびころりん』に取り組んだ時、保育士の中曽根さんは「歓迎の宴」での踊りに、空手の型を子どもたちにやらせました。子どもたちの動きも結構様になっていて、〝あっ、沖縄の子どもたちには、琉球王朝の血が流れている！〟と思わされたことがありました。）

五年後か、十年後。『あんぱるぬゆんた』が音楽劇に脚色できたら素敵だろうなぁ……と、夢と希望を抱かせられる素材です。

《蛇足》

①　一九七〇年代から八〇年代に、「民舞」が教師の世界に流行りました。「生産・労働」の中から生まれた舞いや踊りということで、力強く満身を込めた動きだったので、先駆的教師に好まれたのでしょう。その代表が「ソーラン節」です。でも、それが荒れる中学校での非行克服と結びついて『南中ソーラン』が世に出た時、爆発的に日本中に広まりました。そして、「生産・労働」への深い解釈が何時しか失われ、暴走族の半纏姿に変化していき、「かっこいい華美の姿」へと変質していったのです。今でも各地で取り組まれている「〇〇ソーラン」は、その名残でしょう。やはり、深い思いと解釈の無い「舞踊」は、華美に走るしかないのでしょう。

②　昨年十二月に、極秘の『ちゅらさん会』が開かれました。そこで、保育士のDさんが〝今、琉球空手を習っているんです。何時か、子どもたちにも教えたいなぁと思っているんですけど……〟と言ってきましたので、私は〝それなら、記録を書いて「趣味に生きる保育士」になったら。十年後には退職記念の本が出来ますよ〟と言ったら、年賀状に「記録を書いていきます」とありました。この調子が続けば、十年後には『あんぱるぬゆんた』脚色の会の有力メンバーになりますね。

2023.2.24　田中憲夫

二〇二三年五月。私は、五七回目の沖縄・あおぞらこども園を訪問した。まだ、コロナ禍が収束しておらず、新幹線や飛行機の中ではマスクを一度も外さない形で、極力感染しないようにと用心しての訪問だった。でも、迎えてくれたあおぞらこども園では、過去に子どもも職員も感染したことが、経験から大いに学ぶ結果になり、コロナへの対処・対応能力を身につけたようである。日々用心深く行動しているものの、日常の活動がコロナ禍以前の姿に戻った感がしたのだった。

で、今回も四泊五日の活動だったが、後半の一泊二日を石垣島訪問に充てたのだった。手紙で、〝絵本『あんぱるぬゆんた』を素材に、舞踊表現を中心にした音楽劇を脚色・構成したら……〟と述べた以上、「まず、自分の目・耳等の皮膚感覚で感じてみたい」と思ったからである。でも、石垣島は初めての訪問。あおぞらこども園の副園長・仲原正さんに同行を誘ったのだった。

仲原正さんからは、すぐに「ＯＫ！」の返事が来たが、飛行機（那覇⇆石垣島）や宿泊の手配等、実質私の保護者になってくれたのだった。次の手紙は、沖縄・あおぞらこども園訪問後に出したお礼の手紙である。

あおぞらこども園　園長　仲原りつ子様

五月二三日・二四日と、今回もあおぞらこども園の皆様には大変お世話になりました。しっかりと予定を立ててくれ、また皆さんがその予定に沿っててきぱきと行動・対応してくれて、本当に充実した時間を過ごすことが出来ました。また、石垣島訪問では、みよし保育園の宮良長利園長さんと連絡を取ってもらい、結果、予定していた十倍もの中身の濃い研修内容になり、仲原りつ子園長さんの人脈に唯々感謝する次第でした。

石垣島を離れると、同行した正さんがすぐに「知恵熱」を出したようですが、私も宮城・石巻に帰って来ると、じわじわと免疫力の低下が露わになり、体調不良に陥りました。特に熱が出たわけではないのに、目を開けていられなくなったり、腰や背中がじわじわと苦しくなってきたり、寝てもやたらと寝汗をかいたり、etc。やはり、昨年までとは確実に違った「老化のお年頃」が、歳を重ねる度に進んでいるようです。寄贈頂いたエッセイ集の著者は、何時までも〈今が旬〉のようで嬉しくも羨ましい限りですが、残念ながら私には相方だった文屋さんの心境が同居し始めました。これからも「死ぬまで生きる」心構えには何ら変化はないのですが、後期高齢者の仲間入りをした今、「後期高齢者には、後期高齢者なりの対処・対応方法」を模索していかねばならないと改めて実感した訪問でした。

石垣島での研修・見聞は、私の脳みそがかき回されるほどの驚きの連続でした。やはり、石垣島（海のシルクロード）は、人間の発達史にかかわる〈太古のロマン（縄文時代かそれ以前）〉を強烈に感じさせるものでした。

宮城に戻る二六日の朝、まだ時間があったので県立図書館（※那覇・旭橋にあるバスターミナルのビル内）に小一時間ほど寄って、図書館内の本や資料を駆け足で眺めてみました。すると、三山の群雄割拠時代から琉球王朝の成立とその後についてはふんだんに関連図書や資料は有るのですが、古事記や日本書紀に匹敵・対抗するほどの関連図書は見当たりませんでした。ましてや、一～二万年前からの縄文時代に関わる文化的資料は、見つけられませんでした。それで、図書館に常駐している若い学芸員の方に尋ねましたら、〝琉球は、日本本島（ヤマト）より遅れていましたので……〟という返事が返って来ただけでした。やむを得ず、急遽「踊り」に関わっての「カニ股」の流れ・ルーツを知りたい〟ことと、〝生産労働による身体動作から「ナンバ」が生まれてきたことや、「ナンバ」と「カニ股」が相互交流することで宮廷舞楽や神楽、能・狂言・歌舞伎や日本舞踊・琉舞等が生まれてきた〟ことを話したのですが、若い学芸員さんは〝面白い発想ですね〟と言うだけで、「そんなこと、思ったこともなかった」顔つきを怪訝そうに示すだけでした。

絵本『あんぱるぬゆんた』を音楽劇に脚色化するということは、それらに関連する素材を見つけ出し、それらに基づく構想化が出来てきて、ようやく脚色化への作業が始められるとの思いを強くして、石垣島から帰って来ました。脚色化への作業が、五年ほど期間を掛けたら着手出来るのか、全く不明のままで手探りを始めた段階です。私の能力不足は、今に始まったことではありません。納得の積み重ねになるよう時間をかけて、そして多くの人の力を結集して取り組んでいきたいですね。

宮良長利園長さんから、石垣島には「城（グスク）」が無かったと聞きました。それは、剰余生産物を一手に独占していく領主・王様の台頭する時代を経なかったというだけで、「海のシルクロード」を想う時、二万年も三万年も前から日本人の祖先にも繋がる「海人（海んちゅ）」たちは、海のシルクロードを介して交流・交易をくり返してきました。そしてまた、後の人間が付けた「あんぱるの浜」では、既に十数種に及ぶ蟹たちが太古の歴史の中を悠々と豊穣の時を過ごしてきたのです。私は、そんなことが想起される舞踊表現・『あんぱるぬゆんた』を夢見ています。

大人の理屈ではない、沖縄の子どもならではの感覚・感受性に満ち溢れた音楽舞踊劇『あんぱるぬゆんた』を脚色化するには、「あおぞらこども園の総力結集」が不可欠です。新しい酒は、新しい革袋で創り出したいものです。正さんと、石垣島で「桃園の誓い」をしてきました。

（以下略）

2023.5.29　田中憲夫

絵本『あんぱるぬゆんた』の脚色化への旅

二〇一三・七・一

○　はじめに

私は、二〇〇八年三月三一日に宮城県庁で退職辞令を受け取り、三七年間の教員人生を定年退職した。そして、その四日後には沖縄・那覇市にあるウイークリマンションで二ヶ月間の沖縄生活を始めたのだった。

と言っても、沖縄で仕事を持ち、〈第二の人生〉のための再就職を始めたわけではない。三七年間の「教師の仕事」を続けた結果、我が身に滓のようにこびりついた様々のしがらみや自業自得による自責の数々、そして子ども・親・職場の職員への責任の重さ等々から解放されて、新しい自分を自覚する形で出発したいと思ったからだった。

それで、沖縄滞在の二ヶ月間は、沖縄の地を我が身・我が肌で感じることから始めた。所持金は現職時に「帆待稼ぎ」のようにして貯めていたわずかなお金しかなかったが、定年退職したことにより、自由に使える時間だけは、ふんだんにあった。地図を広げては路線バスを調べ、目的地を見つけては最安値の行程を考えた。時には、二～四時間も歩いて出かけたのだった。

読谷村にあるチビチリガマを見に行った時のことである。当時は、まだ訪れる人も少なく、説明の看板が一枚あっただけだったが、自由に出入りすることが出来た。それでガマの中に入ると、遺品ともいうべき様々の生活道具の破片が、そちこちに散らばっていた。しかしながら、「鉄の暴風」時の地元の人々の恐怖と苦しさを想った時、私自身も言い知れぬ不安と恐怖に襲われ、しかも集団自決へと走ったことの連想時には、誰もいないのに、金縛り状に我が身が落ち入ったのだった。その状態から現実に引き戻してくれたのは、やぶ蚊の大群だった。いつの間にか、我が身体に取っつき、手や足、頸筋等から血を吸っていたのである。慌ててガマの外に出たものの、チビチリガマで生じた恐怖と畏怖の念は、現職・教師時代には決して知り得なかったであろう体験だった。

で、チビチリガマを離れて、近くに在った『読谷村・民俗資料館』に行ってみた。〈木造の小さな作業小屋〉といった印象の民俗資料館であり、土地の人たちが使ってきた生活用具や作業道具が所狭しと並んでいたが、壁には農作業か漁作業で使っていた作業着が広げて掛けられていた。その作業着を見て、一瞬驚いた。「何だ！この紋様は。アイヌの紋様ではないのか……」と。もしかすると、私の勝手な思い込みだったのかもしれない。あるいは、ルーツを辿れば、朝鮮経由で来た中国系の紋様かも知れなかった。でも、東北・宮城出身の私には、しかも民族学や民俗学のみならず、生活風俗史の素養・教養も皆無に近かった私には、ほんの思いつきの直観、あるいは私固有の偏った勘だったのかも知れないのだが、私の中で沖縄とアイヌ・縄文時代が結びついた一瞬だった。

一、縄文時代と「海のシルクロード」

二〇二三年六月二三日。私は、富山県と新潟県の境にある「ひすい海岸」に行って来た。「ひすい海岸」は、糸魚川（※糸魚川という川は、無いそうである。姫川に流れ込む様々の渓谷や支流を総称して「糸魚川」と言うのだそうである。）から流れて来た様々の岩や石の破片が、川や海の流れの力で角の取れた小石群となって集積した海岸である。現在でも、宝石のヒスイがその小石群から見つかることがあり、多くの人がヒスイ探しを兼ねて、海岸の景観美を楽しんでいるのだった。

何故、私がこの「ひすい海岸」に行ったのかと言うと、ひすいの原石を見たかったからである。というより、二十年以上も前に訪れた青森県・三内丸山の縄文遺跡の展示館に、「ヒスイの勾玉」が展示されており、しかも、その宝石のヒスイは、青森県産（※青森県では産出しない）ではなく、糸魚川上流産（※糸魚川上流でしか採れない）であったからである。

今から四千年～八千年前とも言われる「縄文の時代」は、現在のように新幹線が走り、飛行機が飛ぶような時代ではなかった。私らが一九六〇年代に学校で習った頃は、「縄文時代とは、狩猟・採集の時代であり、獣や小動物を追いかけたり、木の実や草の葉・根を採集しては、野山を移動して暮らしていた」との発想でしかなかった。それが「弥生時代になると、稲や麦を田畑で耕作し、土地に定住して集落を形成するようになる」と教わったものだった。つまり、「縄文人＝原始人」のイメージしかなかったのだった。

それが考古学の地道な実証的研究により、貝塚の発掘や、土偶の出土、そして様々の生活具が発掘・発見される度に、縄文人の豊かな生活、共同体の生活様式、そして各地の縄文人の交流・交易が明らかになっていった。最近では、遺物や土質の炭素年代測定により年代の特定が詳しくなっただけでなく、遺骨等のDNA鑑定により縄文人以前の人類のルーツ・系譜・移動の流れ等が次々と明らかにされてきている（『人類の起源』篠田謙一著 中公新書）。

とは言え、宮城県・東松島に在る里浜貝塚での発掘研究からすると、「縄文時代の人々の移動・交流の範囲は、〈日帰り〉が出来る距離」とか。宮城県には、貝塚発掘のはしりともなった沼津貝塚が石巻市に在る。その里浜貝塚と沼津貝塚は、二〇〜二五km位の距離にあった。つまり、人が歩いて往復出来る距離である。朝、日が昇る六時頃に出発して一二時前に現地に着き、小一時間ほど休憩して午後一時過ぎに戻れば、日が沈む午後七時前後には出発地に戻れるのである。当時の縄文人は、歩くのが生活でもあったはず。手や肩に荷物を持っても、五〜六時間は歩き続けられたのではないだろうか。手荷物程度の物々交換・交易があっただけでなく、婚姻関係も成立していたという。実際、里浜貝塚の研究員の方は、両貝塚に出土した土器や使用具類、食料の類似性を調べ、DNA鑑定まで進めて前記の生活圏・交流範囲を見定めたのだった。

この里浜貝塚の研究から縄文人の生活圏・交流範囲が見えてくるが、これを青森・三内丸山の縄文遺跡に敷衍すると、三内丸山遺跡の縄文人と糸魚川上流の縄文人が交流・交易（物々交換程度の交流・交易）するには、その間に何十・何百の縄文人の集落・集団が介在することになる。

これは、時間にすれば糸魚川近辺の縄文人と三内丸山縄文人の交流・交易に数百年単位の時間を要したことでもある。つまり、同一縄文人の交流・交易では決してなく、「伝言ゲーム」の如く、隣の集落、その隣の集落、そしてそのまた隣の集落へと交流・交易が伝播していき、数百年〜一千年の時が経過する中で装飾品のヒスイが糸魚川から三内丸山まで運ばれて行ったのであろう。でも、途中に幾多の縄文人の介在があったとするならば、東北と九州の縄文人の交流・交易も可能であろうし、更に海を越えて、琉球の縄文人(?)との交流・交易も可能なのであろう。ただ、一千年から数千年の経過時間が必要と思われるが……。

明治から昭和期の日本の歴史教育は、古事記や日本書紀の記述を出発点にして「神代の昔神武天皇」として始められたが、実質、大和朝廷成立からの権力史である。たかだか千数百年程度での権力の相続史の話。敗戦に伴って、戦後の歴史教育から神話が排除されても、内容は大同小異である。でも、数千年から一万年以上前の縄文の時代。更には数万年前からの人類の歩みと交流を俯瞰することが出来たなら、権力闘争の歴史とは違ったロマンと発見、驚きと感動の歴史観をもたらすことだろう。

そんな発想・思考でシルクロード(中近東アジアから中国への道)を見直してみると、「海のシルクルーロード」という発想・思考があることを知ったのだった。

二〇二三年三月一〇日。NHKBSプレミアムで『GIGAKU! 踊れシルクロード 全編 インド・バリ・ジャワ』という映像が放映された。ダンサー・演出家の森山開次さんが仮面劇「伎楽」のルーツを求めて、インドやインドネシアのジャワやバリを訪れ各地の踊りと交流舞踊をするというものであった。（森山開次さんは、二〇二一年八月に開かれた東京パラリンピックで開会式「片翼の小さな飛行機」を演出した。）

インドからインドネシア・バリへの道は、海路である。つまり、遥か昔（数千年？）から「海のシルクロード」（※「シルクロード」という呼称は、一九世紀にドイツの地理学者リヒトフォーンにより命名されたという）は、インド洋を横断する交流海路としてあったようである。当然、インド洋沿岸のミャンマーやタイ・カンボジア・マレーシア等も海路での交流圏であった。また、それがベトナムや中国南西部沿岸、フィリピン、台湾、沖縄へと続く海の道にもなっていたのである。

世界史上では、ポルトガルやスペインが世界進出するようになった一五世紀前後からインド洋を囲む国々は、西欧の植民地名として世界に知られるようになった。しかし、それは西欧の文明史観によるもので、エジプト文明やメソポタミア文明、インド文明等が発祥する以前から人類の生活交流が脈々とあっただろうことは、容易に類推できることである。実に、インド洋から太平洋に続く人々の繋がりは、「海人（うみんちゅ）」として在り続けていたのだった。

つまり、沖縄・八重山という定点からみると、海を介した人々の交流が遠くインド辺りまで繋がり、続いていたと思えるのである。その証左の一つに、私は踊りの類似性（身体所作の類似性）を上げてみたい。

踊りの類似性とは、別言すれば「カニ股」での身のこなし・舞踊のことである。何故、「カニ股」での踊りが、インドやタイ、カンボジア、インドネシアで踊られ、ひいては沖縄・八重山で踊られているのか。私には、「海のシルクロード」での人々の交流・交易が因を結果してきたとしか思えない。

二、「ナンバ」と「カニ股」

『岩波美術館　テーマ館第4室　踊る人』（岩波書店刊）に、「7踊る天女」〈1200年ころ（アンコール期、バーヨン様式中期）、砂岩、派風台座断片60×276cmパリ、ギメ美術館〉という頁があり、次のような説明書きがある。

片足を折り曲げて思いっきり上にあげ、もう一方の足も深く曲げながらかろうじてその爪先で立つというまるで曲芸師のようなポーズの踊り子が、ずらりと横に並んでいます。中央の一人をはさんで左右に四人ずつ、合計九人が一列に並んで、みごとなリズムを作り出しています。中央にいるのはこのグループのリーダーでしょうか。その合図に合わせて、まるでさざ波のように整然と左右に広がっていくそのしなやかな肉体のリズムは、壮麗というほかはありません。とくに、白鳥の首を思わせるようなS字型の細い腕が描きだす曲線模様は、体全体の大きなリズムに華やかな装飾的効果を加えて、全体をいっそう複雑華麗なものとしています。

もともとこの踊りは、おそらくはインドから輸入されてクメール地方で完成されたもので、カンボジアでは今でもこのような踊りが行われているそうです。

（以下略）

また、左図写真は、カンボジアに何年か滞在したことのある知人女性から譲り受けた石像である、高さは二三〜二四ｃｍ位だろうか。天女である神様が一体、踊りのポーズを取っている姿である。知人女性は、この石像を民芸品を扱っている土産物店で入手したそうである。しばらく自宅の居間に飾っていたが、神様なので粗末な扱いをすることも出来ず、処分に困っていたのだった。それで、私が譲り受けた次第だった。

この天女の姿は、まさしく「カニ股」で踊っているポーズではないか。私には、「海のシルクロード」を表す貴重な天女像と思えてならない。

で、私が子どもだった頃の学校体育は、右手・右足、左手・左足を同時に動かしての同側運動は、「運動神経の鈍い子」として排除・否定されてきた。

そして、その根拠に〝スポーツが得意な西欧人は、手と足を交叉させて（右手―左足、左手―右足を対にして）歩いたり、走ったりしている〟と。また、日本人の姿態に現れる「がに股」は、これまた、不格好な姿として蔑まれてきた。これも、〝足がすらりと伸びて、背筋も伸び上がるようにすっくと伸びている。西欧人の姿の、なんと美しいこと……〟と言われ、スポーツやバレー等で西欧流の立ち居振る舞いを推奨されてきたのである。

　でも、「ナンバ」の動きが、能楽や歌舞伎、日本舞踊、武術等での伝統世界では当然の動きであり、日本人の生活行動・生活様式が作り出してきた身体所作だということは、半ば常識化している。それと付随しての「がに股」も、生産労働の中で必然的に生じて来た身体所作だった。重い物を抱えて運ぶ時、あるいは重い物を肩や背に載せて運ぶ時、人はバランスをとり重さの衝撃を和らげるため、重心を落とし、膝を折り曲げてバネの役割をなす。それが「がに股」であり、語源が「カニ股」（蟹様の足の構え）なのであった。だから、畑仕事であれ、山仕事であれ、物を運ぶ作業では必然的に「ナンバ」の体位から「がに股（カニ股）」の動きになったのだった。

　この発想を、文明の発祥地とも言えるエジプト・メソポタミア・インド等に被せてみると、様々の生産労働の担い手は、下層階級の人々であったり、奴隷層の人々だったたから、下層・奴隷階級の人々は、必然的に「カニ股」様の行動様式になったのではないだろうか。つまり「海のシルクロード」での交流・交易を実質担ってきた人々は、有閑階級・上流層の一部特権者ではなく、下層・奴隷階級の人々だったと思える。そして、それらの人々の生活行動・生活様式から「カニ股」の踊りが生まれて来たのではないだろうか。このことに関しての論拠となる証拠・資料は、現在の私の手元にはまるでない。でも、そう考えることで、沖縄・八重山地方に息づく「雑踊り」の数々が「海のシルクロード」の中に位置づいてくる気がしてならないのだった。

蛇足になるが、東南アジアでは、頭に物を載せて運ぶのが今でも日常化している。沖縄本島でも返還時頃までは日常の風景だった。そしてまた、宮城県の江の島では、昭和三十年代の映画に、島の女性が船着場から崖の上の家まで頭に桶状の箱を載せて物を運んでいる姿が映っていたのだった。日本の東北の地でも、頭に物を載せて運ぶのが日常の姿だったのである。

三、「あんぱるぬみだがーまゆんた（網張ぬ目高蟹ゆんた）」のこと

二〇二三年五月二四日。あおぞらこども園の副園長・仲原正さんと私は、「アンパルの浜」を見に石垣島へ出かけた。そこで、石垣市のみよし保育園長・宮良長利さんに「アンパルの浜」の案内だけでなく、夜には「あんぱるぬみだがーまゆんた」を謡ってくれる「民謡酒場（？）」に連れて行ってもらった。その酒場には、八重山古謡集という歌集があり、その中に「あんぱるぬみだがーまゆんた」が載っていただけでなく、詳しい解説も記載されていた。

以下、その歌集に書かれていた「あんぱるぬみだがーまゆんた」の歌詞とその内容を紹介したい。

（※　絵本『あんぱるぬゆんた』に記載された文言と若干違っていた。）

「◎あんぱるぬみだがーま（本調子）交互に歌う（石垣市石垣）

※アンバルとは、石垣市名蔵湾の奥の入り江からマングローブの沼沢地に至る名称である。「ミダガマー・目高蟹」は元九州大学の理学博士、大島広氏が昭和十三年三月から、三年間継続研究の結果この民謡に歌われている蟹十五種類を発表された和名である。また大島氏は、この民謡の作者を絶賛し十五種類もの蟹の、習性・形態等をよく観察し謡ってある、昔の八重山の詩人達は生物学者でもある。この民謡は世界一の民謡で芸術的作品であると、誉め称え世界的民謡の折紙を附けられたのである。

（八重山古謡より）（詠み人知らず）（採譜・大浜安伴）

甲① あんぱるぬ「ウリ」みだがまでんどーハイヒヘ

歌意 （私は、アンバル・網長、と称する砂浜の「デンドゥ・殿堂」に棲む、ミダガマ蟹である）

解説 和名・コメツキ蟹で、ミダガマ、目が長く飛び出ているので、その名が付けられていた。この蟹は、砂団子を作る特技を持っている。潮が引き露出すると忙しい。砂団子作りが始まる。潮が引くと下の瓦葺きの殿堂へ、潮が満ち潮になると上の茅葺きの殿堂へと忙しく往復している。

※「マタハイヒへ」マタハイヒへ

乙②　マタハイヤーヌカヌスィ潮《スー》や干《ピー》しゃ「ウリ」下《スィム》ぬ家《ヤー》かい
（潮が引いてしまった、下の家へ急いで行こう）

※　ハイヒへ「マタハイヒへ」マタハイヒへ（以下同じ）

甲③　下《スィム》ぬ　家《ヤー》や・瓦葺《カラブクィ》でんどーハイヒ「マタハイヒへ」
（下の家は、瓦葺きの殿堂だ急いで行こう）

乙④　マタハイヤーヌカヌスィ　潮《スー》や　満《ンー》ちゃ・上《ウィ》ぬ家《ヤー》かい
（潮は満ちてしまった、上の家へ急いで行こう）

甲⑤　上《ウィ》ぬ家《ヤー》や・茅葺《ガヤブクィ》でんどーハイヒへ「マタハイヒへ」
（上の家は、茅葺の殿堂だ急いで行こう）

乙⑥　マタハイヤーヌカヌスィ　みだがーま・生年《マレドスィ》でんどー
歌意　（ミダガマ蟹の、生年に当たっているよ）
解説　今年は、ミダガマ蟹の生年に当たっているので、盛大にお祝いをして上げましょう。
甲⑦　かん数《カズィ》ぬ・芸《ギ》ぬ　物《ウヌ》あんどー　ハイヒー「マタハイヒー」
歌意　（数々の、芸の物があるよ）
解説　蟹が総出して、ミダガマ蟹の、生年祝いの開催にあたり準備の協議の結果次のように役割が分担されました。
乙⑧　マタハイヤーヌカヌスィ　ぐいだーさ　かんや・準備人数《ジュンビニンジュ》
歌意　（グーダサ蟹は、諸々の準備人数）
解説　この蟹は、オカ蟹で通常は陸上に生息して四・五月頃群れをなして海に下りて産卵するので「ウリ蟹」産卵へ行く途中、道迷いするから「マドゥルン蟹」、道路を渡るから「バタル蟹」、そして途中で死んで腐るから「フサラー蟹」、このように地域と場所によってその呼び名がいろいろある。
甲⑨　だーなんかんや・舞台人数《サンツィニンジュ》　ハイヒへ「マタハイヒー」

歌意　（ダーナン蟹は、舞台や座敷を作る人数）
解説　和名、沖縄アナジャコ、通常は暗紫色をし、マングローブの根っこに穴を掘って、土地を高く盛り上げその中に生息し頂上は必ず蓋をして置く。沖縄の婦人達は古くからこの蟹の腹部を黒焼きにし、油と混ぜて髪に附けると髪が長く伸び色艶がよくなると古老婦は伝承している。
乙⑩　マタハイヤヌカヌスィぴんぎゃーかんや・笛吹《ピーフ》くぃ人数《ニンジュ》
歌意　（ピンギャー蟹は、笛を吹く人数である）
解説　この蟹は、砂底に棲み紫色の斑点があって美しい蟹である。ピンギャーとは、喘息病のように、毎日咽喉がピーピーと、また爪をカチカチと鳴らし、笛を吹いているように聞こえるのでその名前が付けられた。
甲⑪　きがらんかんや・太鼓人数《タイクニンジュ》　ハイヒへ「マタハイヒへ」
歌意　（キガラン蟹は、太鼓を打つ人数）
解説　和名・ハマガニで本州・四国・九州・沖縄・台湾等に分布し最近香港にも生息が報告されている。この蟹は海岸近くの田畑の畦等に深い穴を穿って生息して、稲作を害すると言われている。

乙⑫　マタハイヤヌカヌスィ　むみんぴくぃかんや・三味線人数《サンシンニンジュ》

歌意　（ムミンピクィ蟹は、三味線人数である）

解説　台湾シホマネキガニのことで、紅樹林の根元に生息し、片方の爪が全身の半分程太く、その太い爪を動かす様子が木綿糸を紡ぐように見え、また三味線を弾いているようにも見えることからその名前が付けられた。

甲⑬　やぐじゃーまかんや・踊《ブドゥ》るぃ人数《ニンジュ》

歌意　（ヤグジャーマ蟹は、舞踏人数である）

解説　和名・ヤグジャーマ、新種であるマングローブ林中に生息している。この蟹はヤグジヤマ節にも歌われている。

乙⑭　マタハイヤヌカヌスィ　あぶすぃかんや・狂言人数《キョウギンニンジュ》

歌意　（アブスィ蟹は、狂言の人数に回された）

解説　和名・アシハラガニで、河口・紅樹林・泥沼等田畑の畦などに生息している。沖縄本島ではカンダクイガニと称し芋の蔓等食べ害を及ぼしている蟹である。

甲⑮　ばたれーかんや・棒打《ボーウ》つぃ人数《ニンジュ》ハイヒへ「マタハイヒへ」

歌意　（バタレー蟹は、今回は棒を打つ人数になった）

解説　和名・台湾ガザミ、紅樹林・泥沼等に生息する蟹で泳いで渡るのが得意でその名前が付けられた。

乙⑯　マタハイヤーヌカヌスィ　ふさまらーかんや・獅子人数《シシニンジュ》

歌意　（フサマラー蟹は、獅子をかぶる人数）

解説　毛深アフギガニとも称する。全身泥色の長毛を密生して猪を被っている様に見えることからその役に当てられた。

甲⑰　がーすぃめかんや・包丁人数《ポーザーニンジュ》ハイヒへ「マタハイヒへ」

歌意　（ガースィメ蟹は、包丁人数）

解説　和名・ノコギリガサメで、蟹類中で最大の蟹で、爪はのこぎりや鋭い刃物みたいであることからその役割となった。
野底村の名物のひとつに数えられている、御役人が親廻りの時の野底の名物は有名であった。

乙⑱　マタハイヤヌカヌスィ　はもーるぃんがんや・くばん人数《ニンジュ》
歌意　（ハモールィ蟹は、クバン「神前等に供える一品料理」を作る人数である）
甲⑲　はるまやーかんや・給仕人数《キュウジニンジュ》　ハイヒヘ「マタハイヒヘ」
歌意　（ハルマヤー蟹は、給仕人数）
解説　和名・ツノメガニで、馬のように良く走り、良く動くから給仕係に選ばれた。
乙⑳　マタハイヤヌカヌスィ　つぃんなんかんや・銅鑼打人数《ドウラウツィニンジュ》
歌意　（ツィンナン蟹は、ドラを打つ人数に廻った）
解説　和名・モズクガニで、通常は川岸に生息して、産卵期には海へ下りる。
」

石垣島で、みよし保育園長・宮良長利さんに連れて行ってもらった「民謡酒場」では、男性二名、女性一名の三名で、土地の民謡・古謡を謡っていた。三人とも七十代〜八十代の方々である。私らも既に六・七十代であるが、私らが店に入ると、幾分若やいだ気がした。ところが、その後で二十代の若者十名近くが賑やかに入って来た。しかも、謡い手の声に合わせて、三名ほどの若い女性が踊り始めたのだった。彼女たちの動きを見ると即興で手や足を動かしているのではない。身体の捌きや手の振り等が謡い手の声やリズムに乗って、実に踊りを楽しんでいるのである。私は、思わず彼女たちに見とれてしまった。それで、謡い手さんにそっと聞くと、〝彼女たちは、八重山高校・芸能クラブの卒業生たちだ〟とのことだった。私は、てっきり外からの観光客の若者たち……と思っていたが、地元の若者たちであり、しかも沖縄・八重山地方の民謡・古謡の踊りを受け継ぎ、楽しんでいる姿に言い知れぬ感動を覚えた。八重山で生まれ、八重山で育ってきた精神風土は、確実に若者に引き継がれていたのである。

四、「ゆんた」と「蟹」雑考

○「ゆんた」のこと

「ゆんた」とは、〈仕事での唄〉と言われている。「仕事唄のこと」だから、当然、唄うことによって生産・労働に携さわることから必然的に生じる苦しさや辛さ、我慢や忍従に耐え続ける意味が込められている。それは、生活苦から我が身・我が心を開放し、喜びや明日へのエネルギーに転化する意味合いも持つ。

そしてまた、畑や田んぼでの農作業の時、一人が孤立して作業をするよりも、集落の人たちが集まって共同で作業をした方が能率が上がるし、収穫量も増える。このことは、農作業の時だけでなく、漁での漁業もそうだろうし、山野の獣の肉を求めた狩猟でもそうであろう。そうして、何時しか人々は、「ゆい」や「講」という共同作業形態を作り出してきた。

だから、「ゆんた」の意味する「仕事の唄」とは、追分節や馬子唄、船頭小唄等での「仕事唄」とは若干違って、共同作業に関わる人たちに、定まったリズム・流れを作り出す、あるいは統一したリズムを作り出す役割を担った来た唄だったのだろう。当然、誰からともなく唄われ、関わるみんなに唄われ、そして、何時しか「生活唄・仕事唄」として親しまれ、受け継がれてきたのだった。

絵本『あんぱるぬゆんた』には、挿絵を描いた宮良貴子さんが次のような補足文を書いている。

「これは、私たちの住む地方に伝わる古謡をもとにその心を絵本に表そうとしたものです。古謡「あんぱるぬみだがーまゆんた（網張るの目高蟹読歌）」は農民や漁民の農作業や漁業、その生活ぶり、王府より取り立てられる重税への抵抗の心、豊年や豊漁への祈り、祝宴の喜び、などを小さな蟹達になぞらえて表現した労働歌のひとつです。多種類の蟹たちの生態系を見事に把握して居り、其々の特質を生かして活躍する其の働き振りを面白く歌っています。題名と成っているみだがーま（目高蟹）と呼ばれた蟹は、角目蟹のことで、目の上にある角のような突起が長いもの程長寿を表すことから縁起の良い蟹として謡われたようです。

（中略）

このゆんたは生まれ年祝いばかりではなく、新築祝い、結婚祝いなど様々な祝い事に歌われ、踊られていたもので、子供達も自然に口ずさむ馴染みの古謡の一つでした。」と。

また、沖縄には「安里屋ユンタ」というよく知られた曲があるが、この「安里屋ユンタ」も発祥は、八重山諸島・石垣島の隣り、竹富島である。私の手元に『美しき沖縄の音楽、この一枚で』（平安隆 with 吉川忠英）というCDがあるが、このCDの解説に「安里屋ユンタ」のことが書かれてあったので、次に紹介しておきたい。

「　八重山は竹富島に伝わる長い長い物語歌「安里屋節」（原曲は二三番まである）。八重山言葉でうたわれる原曲は、役人への民衆の抵抗をモチーフとし、なかなかに骨太の歌なのだが、一九三四（昭和九）年に星克によってヤマトグチ（標準語）まじりの新しい歌詞をつけられ、宮良長包がメロディを整えたヴァージョンが現行の「安里屋ユンタ」。沖縄愛好者でなくとも一節を口ずさめる沖縄随一のポピュラー曲といえるだろう。　」

○　蟹のこと　―三題―

絵本『あんぱるぬゆんた』には、十五種の蟹が登場する。「たいわんがざみ」「のこぎりがざみ」「いとひきがに」「はまがに」「おかがに」「みはりがに」「そでがらっぽ」「つのめがに」「あしはらがに」「おきなわあじゃこ」「しおまねき」「いぼいわおうぎがに」「げふかおうぎがに」「もくずがに」「ぜんそくがに」である。

私は、石垣島訪問は初めてだったし、名蔵湾のアンパルの浜も初体験である。でも、宮良長利園長さんに案内された「アンパルの浜」というマングローブの林に分け入った時、そちこちで小蟹の歓迎を受け、十五種の蟹の存在を実感したのだった。

① 毒を持った蟹がいること

私は、東北・宮城でしか暮らしたことが無い。それで、蟹は茹でればすべて食べられるものとしか思っていなかった。タラバガニ、ズワイガニ、毛ガニ、モズクガニ、トゲクリガニ等、どれも北洋の海や三陸沿岸での海で珍味となる蟹の数々である。小川や谷川・沢で取れる蟹類も、名前は知らなかったが土地の人々が食べている話はよく聞いていた。

でも、石垣島の宮良長利園長さんから、〃蟹にも、毒がある奴がいるんですよ〃と聞かされ、一瞬たじろいだのだった。詳しくは聞かなかったが、沖縄の海には、毒を持った蟹がいるらしいのである。当然土地の人々は蟹の種類を見分けて、生活の糧にしてきたのだろうが、余所者にとっては、何とも恐ろしい話であった。

② 蟹にも左利きがいるとのこと

宮良さんから〃蟹にも左利きがいる〃との話を聞いて思わず笑ってしまったが、「左利き」とは、シオマネキ等の蟹は、左右の手（ハサミ）の大きさが違っている。大抵は、右手のハサミが大きく、その右手を盛んに使うので、その動きが「人を招いている」ように見えるので、シオマネキと言うのだそうだ。ところが、このシオマネキの中には、左のハサミの方が大きく、左手の動きが左手で人を招いてるようになるので、「左利きの蟹」となっているらしい。尤も、モノの本によると、「自然の摂理」の中では、巻貝の中にも逆巻の貝が見つかるそうだし、カタツムリにも巻き方が逆向きのカタツムリがいる。蛇にも、とぐろを逆向きに巻くのがいるそうだ。当然、人間世界にも、「右利き」と「左利き」の人がいるし、手のみならず、利き耳や利き目が通常の人と反対だったり、心臓の位置が逆転している人もいる。

何故、多数派とは違う「反対の位置」や「反対の行動」をとる人がいるのか。動物行動学に寄れば、生物に内在する「生存可能性」の結果だとか。みんなが同じ行動を取れば、パンデミックに遭遇した時、絶滅してしまうからだと言う。私も生来の左利きだが、研究課題にする気は無い。でも、何処にも逆行動するのがいるとは面白い。

③ 直進する蟹が居ること

現職教師時代のこと。宮城県牡鹿半島に在る小竹小学校に勤めたことがあった。小竹小学校は一級僻地で児童数が六名で教職員が八名の小学校（※ 勤務二年後に廃校となった）だった。創立は明治六年の学制が発布された年であり、当初から集落の人々は、教育熱心だった。戦後まもなくは中学校もあって、小中学校で百五十名を越す児童生徒数になったりしていた。でも、昭和三十年代頃からの漁業（遠洋漁業・沿岸漁業）の不振で集落の人口減となり、ついに廃校になったのだった。

その小竹小学校では、クラブ活動の時は一年生から六年生まで、一緒になって岸壁で釣りを楽しんでいた。ある時、養殖をしている育成会会長のSさんが岸壁に戻って来て、牡蠣や帆立貝を岸壁の上に揚げ始めた。それで、その収穫物を見ようと子どもたちと側に寄って行ったら、籠から小さな蟹（親指の爪位の大きさ）が何匹か逃げ出してきた。ところが、子どもたちも引率していた教師も皆一斉に驚いたのである。何と、この小蟹たちは、真っ直ぐ前に逃げ出したのである。私ら大人だけでなく、浜育ちの子どもたちも「カニは横に動く」と頑なに信じていたのであった。親指の爪ほどの大きさの小蟹だったが、何匹もそれぞれに前に直進して逃げて行ってしまった。

この話を、宮良長利さんに話したら、石垣島にも前に直進する蟹がいるという。詳しくは聞かないでしまったが、その一事だけで「蟹の世界」が広がった気がしたのだった。

○「結び」にならないむすび

私が、石田幸雄師から仙台・乙の会で狂言を習い出した頃のことである。『宇治の晒』という小舞を教わっていた時、石田先生から〃ここは、櫓で舟を漕ぐ形になるんです〃と言われたので、自主練習で「櫓をこぐ」動きを何度も繰り返した。そうして、次の稽古日に『宇治の晒』を舞ったら、すかさず石田先生から〃それは、舞ではなく、櫓漕ぎです！〃と言われたのだった（拙本『趣味に生きる教師』五八頁）。

それ以来、「舞」・「踊り」・「舞踊」の意味する違いがずっと気になって来た。でも残念ながら、現在の私には語句を適当に使うだけで、本質に繋がる理解にはまだ至っていない。

三十年以上前のことである。古典バレーに興味があり、テレビで関連番組が放映される度にビデオに録画しては、後日時間を作っては観ていたのだった。そんな中で、森下洋子さんの言葉だったろうか。〝バレーは、哲学と体操の中間にあるんです〟という言葉があった。「哲学」とは〈思考を論理的に構成する世界〉であり、「体操」とは〈肉体機能を極限まで追求する世界〉である。つまり、「バレーの中間」とは、思考・論理のみならず生活感覚や時代感覚を「バレー」という姿態で表し、同時に身体機能を極限まで追い求めたものを「バレー」という姿態で表していくということなのであろう。

また、同じ頃、NHKテレビで「アイヌのクマ祭りの儀式」の記録映像を放映したことがあった。今流に言えば、アーカイブス番組のはしりだったのかも。で、その記録映像の中に、アイヌの人たちが集団で輪になって踊っている場面があった。歌を歌いながら、手拍子を取り身体を揺すって進むのだが、その身体の動きが、「ナンバ」の動きではなく、腰を中空に浮かして波間を漂うように移動していくのだった。しかも時折見せる動きとリズムは、コサックの人たちの民族舞踊である「腰を下ろした形で、足を交互に前に突き出す」姿態を思わせる動きとリズムを感じさせたのだった。私の勝手な妄想なのだろうけれども、縄文時代以前より、そしてそれ以後もアイヌの人々は北方系の人々としてその都度北海道や東北の地に入って来ては、在来の人々と交流を繰り返していたのだろう。私には、アイヌの人々（その祖先）の交流の歴史が、次世代の彼氏・彼女らの身体行動に受け継がれ、引き継がれてきたことの証左になるのでは……と思えたのだった。

沖縄の琉球舞踊（琉舞）は、沖縄空手の動きを土台にしていると言われている。しかしながら、沖縄空手は「直線の動き」を基本にしている。「ナンバ」ではあるものの、〈踊りの世界〉のしなやかさや柔らかさ、また楽しさや嬉しさを生み出す高揚感の創出とは、基本は同じでも武道と舞踊では、一線を画するのではないだろうか。

沖縄県文化振興会で発行した『琉球舞踊』の冊子を見ると、

その昔、中国、東南アジア、日本などとの中継貿易を通して富と繁栄の時代を築いた琉球王国。様々な異文化を吸収しつつ独自の美学と感性で世界に誇りうる王朝文化を育みました。その文化を象徴するのが伝統芸能です。

琉球舞踊は宮廷舞踊とも云われる古典舞踊、庶民生活を描いた雑踊り、近代の踊り手によって創られた創作舞踊、県内の各地の共同体によって大切に継承されている民俗舞踊の四つに大別する事が出来ます。小さな島に多様で多彩な芸能があるのです。

（中略）

やがて一八七九年、廃藩置県で王国は滅び、沖縄県となります。そこで登場したのが農、漁村や庶民の暮らしぶりをモチーフにした雑踊りです。優雅で抑制された形式美の古典舞踊とは対照的に自由で開放感にみちたリズミカルな雑踊りは南国の明るさそのものです。いかに困難な時代にあっても芸能は後退することなく生活の中で生き続け人々を励まして来たのです。

と記されている。私は、この中の雑踊りに、「海のシルクロード」に繫がる身体所作と、子どもたちに必須の「生命のリズム」を感じるのだった。

子どもたちの身体表現となる「踊り」は、どんな形になるのだろうか。子どもたちを琉球舞踊の舞手に育てることが「幼児教育」の本質ではない。子どもの将来は、子どもが決めることである。でも、子どもたちのアイデンテティは、この沖縄の地で、沖縄の歴史の中で、というより太古からの人の流れ（移動と交流）の中で、身につけ獲得してきた感性や知性を体感し、また共同や協力する営みを体感する活動が、舞踊表現『あんぱるぬゆんた』でありたい。何とか、五年後までに、具体化したいものである。

あとがき

―「浅い理解・習熟・深い理解」と教材の典型例―

「浅い理解・習熟・深い理解」とは、〈子どもの認識は、「浅い理解」の段階から、「習熟（練習問題）」を図ることで、「深い理解」に到達する〉というものである。このことを高橋金三郎さんは、〃私が、遠山啓さんから学んだ唯一のことは「浅い理解・習熟・深い理解」だった。〃と、私に何度か言ってきたのを思い出す。高橋金三郎さんの、生前の話である。

私は、学生時代の五年目（※中学校課程から小学校課程に転課程して一年留年した）、仙台・向山に在った高橋金三郎さんのお宅で、極地方式研究会でのテキスト（※当時、極地方式研究会では、自作のテキストを学習書と言っていた）作りに参加していた。毎週水曜日の夜、午後七時〜十時までの時間、東北大学・大学院生の研さんと松田さんがプランを提案し、高橋金三郎さんの他、東北大学教授の細谷純さん、仙台第二女子高教諭の中村敏弘さん、向山小学校教諭の八島正秋さん、それに宮教大学生五年目の私と、計七名での「テキスト作り」を行っていたのだった。

私が関わったテキストは「長さ」「面積」「速さ」の三種である。尤も、関わったと言っても、学生の私には、知らないことだらけ。「はあ、そういうものですか……」と思って聞いていたのが精一杯。唯一誉められたのは、手作りの「面積」教具を作った時だけ。〝これなら、数教協より分かり易い〟、〝タイルよりも、「倍」に使える〟と、高橋金三郎さんと細谷純さんに、ようやく持ち上げられたのだった。

そのテキスト作りの時、メンバーの合言葉は、〝うすら分かりでいいから、どんどん試させよう！〟だった。「ちょっとでも分かったら、その分かったことを手掛かりに、どんどん試させて（チャレンジさせて）みよう」が、大方針だったのである。（この姿勢は、後に「ジグズデン・ザグズデン」として綱領化されて行ったようだが。）

それを当時の私は、「浅い理解」の語句とあわせて「何となく分かった」や「いい加減に分かった」、あるいは「自分なりに分かったつもり」程度のこととしか捉えていなかった。

翌年、私は宮城県の小学校教師になったが、試してみたい教材・単元が一杯あって前しか見えず、深く考えることはなかった。しかも、宮城教育大学附属小学校で梶山正人さんを知り、斎藤喜博さんに「手入れ」を受けたことで、新たな「表現活動の世界」に取り組むようになって、数教協や極地研の実践活動とは縁遠くなっていったのだった。

私の取り組みが「表現活動」から「音楽劇」へと焦点化していったが、定年退職後にボランティア活動で関わり出した沖縄・あおぞらこども園で「音楽劇」に取り組むようになってから、ようやく斎藤喜博さんの実践の姿が視野に入ってきた。つまり、「三歳児に出来ないことが四歳児になると出来るようになり、四歳児に出来ないことが五歳児になると出来るようになる」の具体的姿を、子どもたちとの取り組む中で起こせるようになってきたのだった。そうしてようやく、斎藤喜博さんの実践とは、目の前の子どもたちを、あらゆる手を尽くしての全力で「新たな世界」に昇華させていく営み（姿）だったと得心したのである。それは、「〇〇方式」と安直に形式化したがる姿勢とは、対極をなす営みでもあった。子どもが違えば、目の前の子どもに応じて対応・対処するしかない。その時、教師（保育士）は、どれだけ子どもを知っているのか。そして教材や題材をどれだけ深く掘り下げているのか。これは、知識の量の多寡の問題ではない。まさに教師自身の「生き方」が、子どもの成長・昇華という具体的な姿で、絶えず洗われることでもあったのだった。

話は変わるが、今年六月より学区内の中学校で、「数学」を教えることになった。勿論、無給のボランティア活動である。しかも授業相手の生徒は、特別支援学級の子どもたちである。以前に、長野県松本市にある旭町中学校・桐分校で教えてみたいと思った（※拙著『生き方考』その一六）ことがあったが、〝中学校の生徒に「数学」を教えてみたい〟というのは、小学校教師の現職時からの夢でもあった。一九七〇年代に、遠山啓さんは「原数学」を提唱し続けたが、私は、小学校の「算数」と中学校の「数学」を繋げるものとして、「原数学」での学びに挑戦してみたいと思っていた。だから、「原数学」への挑戦は、中学校であり、特別支援学級なのであった。

特別支援学級の子どもたちと授業をしてみて、ようやく「浅い理解」の意味することが解った気がした。「浅い理解」とは、「何となく分かった」や、「いい加減に分かった」、あるいは「自分なりに分かったつもり」のことではなかったのである。遠山啓さんの意味する「浅い理解」とは、その教材・単元の本質に迫る、手始めの典型例を理解することを意味していた（※だから水道方式は「水源地」なのである）。手始めだから、まだ数多くの応用例には触れていない。でも、典型例なので、まだ一例なのにその先の進むべき道が見えてくるのである。遠山啓さんの下に集った数教協の先人たちは、自分の教師歴（生き方）を賭して、数の典型教具である「タイル」を見つけ出した。そして「タイル」が教具からシェーマへと止揚した時、「浅い理解・習熟・深い理解」の教授原則を、数学教育で証明したのだった。

でも、私の担任教師時代にもあったが、「タイル」を使って（並べたり、図に描いたり、切り取ったりする作業を通して）計算するよりも、頭をどんどん叩いて計算する子がいたのである。また、指を折って計算する子もいたのである。子どもにとっては、杓子定規的な「タイル」の使用よりも、身近な親や友達や塾の先生等のアドバイスの方が腑に落ちることもあるのだった。

では、その時々の「典型」とは何であり、どうやって見つけ出すのか。それは、子どもに訊くしかない。というより、子どもの理解（思考・行動・生活・性格等の理解）無しには見つけられないのである。数教協の先人実践者たちは、算数・数学の世界を熟知していただけでなく、子どもたちの最良・最高の理解者だったのである。今流に言えば、子どもの学習権や子どもの教育権、子どもの人権を最大限保障し認める教師だった。だから、「浅い理解・習熟・深い理解」を日々の実践で示すことが出来たのだったし、「タイル」の効用を実感していたのだった。

七六歳になって、ようやく遠山啓さんと斎藤喜博さんが、私の中で「一本の道」になった。その「一本の道」を、私流の道普請をしながら追いかけていきたいと思っている。

〈著者紹介〉

田中憲夫（たなか のりお）

一九四七年、宮城県生まれ。

一九七一年、宮城教育大学卒業。

『生き方考』、『続・生き方考』、『幼児教育と音楽劇』、『趣味に生きる教師』、『続続・生き方考』（全て一莖書房刊）。

宮城県内で小学校教師を務め、教育雑誌に算数教育・表現活動・学校経営の論文を多数投稿する。現在、人権擁護委員・「学校づくりボランティアの会」として活動している。

続^3・生き方考

2023年10月10日　初版第一刷発行

著　者　田　中　憲　夫
発行者　斎　藤　草　子
発行所　一　莖　書　房
〒173-0001　東京都板橋区本町 37-1
電話 03-3962-1354
FAX 03-3962-4310

組版／フレックスアート　印刷・製本／日本ハイコム
ISBN978-4-87074-258-1-0　C3037